Almas em progresso

COORDENAÇÃO EDITORIAL

Laércio Mulati
Maria Amélia Bittencourt
Renato Leandro de Oliveira

Almas em progresso

Fatos ocorridos nos
Centros Espíritas e projetados
no Mundo Espiritual

Adeilson Salles
Inspirado pelo espírito Jacob

1ª Edição
Junho de 2009
5.000 exemplares

Rua 7 de Setembro, 8-56
Fone/Fax (14) 3227-0618
CEP 17015-031 – Bauru – SP
site: www.ceac.org.br
e-mail: editoraceac@ceac.org.br

Dados Internacionais de Catalogação na Publicação (CIP)
(Câmara Brasileira do Livro, SP, Brasil)

Jacob (Espírito).
    Almas em progressso : fatos ocorridos nos
Centros Espíritas e projetados no mundo espiritual /
inspirado pelo espírito Jacob ; [psicografia de]
Adeilson Salles. -- 1. ed. -- Bauru, SP : CEAC
Editora, 2009.

    ISBN 978-85-86359-71-2

    1. Espiritismo 2. Psicografia I. Salles, Adeilson. II. Título.

09-05594   CDD-133.93

Índices para catálogo sistemático:
1. Mensagens psicografadas : Espiritismo 133.93

Copyright © 2009 by
Centro Espírita Amor e Caridade – Bauru/SP

Os direitos de publicação dessa obra, foram cedidos pela
SOLIDUM EDITORA.

Contato do autor para palestras e seminários: adeilsonsalles@yahoo.com.br

Sumário

9   Apresentação

17   Capítulo 1
Reformador de Almas

23   Capítulo 2
Inventário Espírita 1

37   Capítulo 3
O Dirigente Severo

49   Capítulo 4
O Guia é Meu

67 Capítulo 5
Quem Estiver sem Pecado

79 Capítulo 6
A Reunião de Desobsessão

91 Capítulo 7
A Ponte dos Espíritos

103 Capítulo 8
Isolamento Equivocado

111 Capítulo 9
Nome Bonito

119 Capítulo 10
Médium com o Próximo

129 Capítulo 11
Cartas Consoladoras

139 Capítulo 12
O Médium de Cura

147 **Capítulo 13**
Amai-vos e Instruí-vos

159 **Capítulo 14**
O Dono do Centro Espírita

167 **Capítulo 15**
Nem Tudo é Culpa dos Espíritos

177 **Capítulo 16**
Inventário Espírita 2

185 **Bibliografia**

Apresentação

ALMAS EM PROGRESSO

O presente trabalho me foi mostrado em sonho há alguns anos atrás.

Desde que foi escrito me venho indagando sobre a oportunidade de sua publicação.

Antes de escrever essas palavras, me detive novamente na leitura dos casos aqui contidos e constatei a veracidade de tudo quanto aqui é narrado.

O Espiritismo é uma gema preciosa e, como tal, precisa ser cuidada.

Sabemos que seus postulados nada mais são do que o Cristianismo Redivivo.

Que tipo de tratamento daríamos ao Cristo se estivéssemos frente a frente com o Mestre?

Na verdade estamos frente a frente com Jesus há mais de dois mil anos, pois Ele asseverou que não nos abandonaria.

Que tipo de tratamento dispensamos ao Consolador Prometido: O Espiritismo?.

Diante da gravidade dos problemas da humanidade nos tempos hodiernos, a mensagem de Jesus é o Espiritismo revelado.

Estamos na era do pensamento e o Espiritismo é o pensar em Deus, é o vivenciar Deus, é o filosofar Deus.

Como compreender o Pensamento Divino sem o exercício da capacidade de pensar?

As Casas Espíritas são as escolas de ciência da alma, os educandários do espírito.

Zelar pelos princípios espíritas é dever de todos nós.

É claro que o Movimento Espírita sofre os reflexos das nossas próprias imperfeições; todavia, necessitamos perseverar e vigiar para que a Doutrina Espírita seja preservada.

Muitas instituições apresentam em suas práticas o fanatismo, gerado pela centraliza-

Apresentação

ção de poder. Situações como essas levam muito companheiros a comportamentos equivocados.

A bandeira "Fora da Caridade não há Salvação" é o sinalizador de todos os nossos ideais.

Não podemos agir sem pensar em atitudes caritativas em suas mais diferentes formas. No entanto, lutar pela pureza doutrinária é dever de todos os espíritas conscientes.

É necessário se ter coragem e determinação para encarar as nossas limitações e muito mais, para ser humilde e honesto, admitindo os próprios erros.

Somos *"almas em progresso"*, a caminho da redenção, o Espiritismo é a bússola preciosa que nos orienta quanto ao rumo a seguir.

Deixar de lado as orientações de Kardec para criar modismos e terapêuticas que, embora respeitáveis, nada tem a ver com o Espiritismo é descaracterizar a nossa doutrina.

Ainda não compreendemos a mensagem cristã, que dirá o Espiritismo.

Macular a mensagem espírita é grave equivoco.

Apresentação

Ao externarmos nossa ignorância sob qualquer assunto através de conceitos próprios, podemos arrastar muitos incautos ao cadafalso da mentira.

O momento deve ser de reflexão sobre nossa conduta.

Certo está que muito há por se fazer, mas é importante que nos mantenhamos fiéis à Codificação Espírita.

Quando os homens indebitamente se apropriam das mensagens espirituais dando a elas o cunho das suas verdades, perdem-se no caminhar.

Allan Kardec é o mais claro exemplo de desapego, pois sempre teve o cuidado de não criar uma doutrina própria: ele codificou a "Doutrina dos Espíritos", não a doutrina de Kardec.

Não pode haver os centros de fulano ou beltrano; devem, sim, existir os Centros Espíritas, escolas de almas.

Que Jesus nos de discernimento para que não nos acreditemos maiores que a Doutrina Espírita; somos apenas aprendizes, almas em progresso.

Apresentação

A única maneira de não nos resvalarmos na condução e divulgação do Espiritismo é seguir os postulados exarados nas obras basilares.

"Fora da Codificação não há Espiritismo"

Muita Paz!
Adeilson Salles

*Porque ninguém pode por outro
fundamento, além do que já está posto,
o qual é Jesus Cristo.*

Paulo (I Coríntios, 2:11.)

1
Reformador de Almas

À feição de grande Reformador de Vidas, o Espiritismo é a Doutrina Celeste que, por mercê de Deus, foi codificada por Allan Kardec.

Mergulhada no desconhecimento de sua própria origem espiritual e dos verdadeiros valores da existência, a criatura humana carecia dos ensinamentos espíritas.

Allan Kardec, em *O Livro dos Médiuns*, deixa exarado, de maneira incontestável, que as Sociedades Espíritas tornar-se-iam os singelos núcleos reformistas, onde as almas aportariam, buscando a auto-iluminação e a reforma íntima.

Após 152 anos da publicação da primeira obra espírita em Paris, os Centros Espíritas devem cumprir o inadiável papel de auxiliar na reforma moral da humanidade, através da divulgação e da prática do Espiritismo.

A Casa Espírita é núcleo educativo; Jesus de Nazaré, o Mestre Sublime; o Espiritismo, o Grande Reformador.

Os tempos são chegados. O Profeta Galileu colocou a luz sobre o alqueire; já está entre nós o Consolador Prometido, a Terceira Revelação. Não somos mais culpados, somos responsáveis. Antes, a ignorância atenuava nossos delitos; agora, com o advento da Doutrina Espírita, todo equívoco deve ser reparado.

O Centro Espírita, o Reformador de Almas, deve ser dirigido com amor e disciplina.

Imaginemo-nos chegando a um hospital e nos defrontando, na recepção, com altercações e bulha. Imaginemos que, ao ser atendidos pelo profissional de medicina, observássemos, em seu jaleco, manchas de sangue oriundas de um outro atendimento, denotando falta de assepsia. Rapidamente, sairíamos daquele núcleo hospitalar, pois o mesmo não ofereceria condições adequadas de higiene.

Na Casa Espírita, a situação não é diferente. Como escola de almas, a Instituição deve oferecer aos que buscam auxílio, pessoas preparadas para o atendimento fraternal e elucidativo das questões espirituais.

Entidades nobres não assistem aos homens que não tenham seriedade em suas tarefas. Entidades nobres não assistem aos médiuns que não estudem e nem se esforcem por empreender a reforma íntima.[1]

Infelizmente, proliferam no mundo pseudo-escolas de almas; Centros Espíritas onde o estudo é deixado de lado; Casas Espíritas que privilegiam a assistência social em detrimento do esclarecimento. O que estamos fazendo do Consolador Bendito, o Espiritismo?

Muito se pedirá àquele a quem muito se houver dado.[2]

O Centro Espírita, em sua função de escola, oficina e hospital de almas, não pode funcionar sem o estudo do Espiritismo.

1 Nota do médium: ver em *O Livro dos Médiuns*, Allan Kardec, 2ª parte, cap. XX, item 227, 69. ed., FEB.

2 Nota do médium: *E, a qualquer que muito for dado, muito se lhe pedirá, e ao que muito se lhe confiou muito mais se lhe pedirá.* Lucas, 12:48.

O médium que não se relaciona fraternalmente com quem ve, não pode ser instrumento útil aos Espíritos que não ve. O dirigente espírita que não respeita outros agrupamentos espíritas, não pode ser considerado orientador de um instituto educacional de almas.

O momento é grave. Precisamos nos reunir sob a bandeira augusta do Consolador Prometido por Jesus, o Espiritismo.

Dirigentes e trabalhadores, pertencentes aos dois lados da vida, se nos mantivermos sob os auspícios equilibrados das diretrizes apontadas na Codificação Espírita, não incorreremos em erros. Tendo Jesus como modelo e guia e sob a égide do Codificador, ergueremos, na Terra, respeitáveis escolas de almas, onde nós outros seremos os primeiros beneficiados.

Os casos aqui apresentados devem servir para nossa instrução e correção do rumo a que nos propomos seguir.

Paz na Terra e boa vontade para com os homens.[3]

[3] Nota do médium: *Glória a Deus nas alturas, paz na terra, boa vontade para com os homens.* Lucas, 2:14.

Somos trabalhadores imperfeitos, no entanto, imbuídos da firme vontade de vivenciar o Espiritismo, saibamos corrigir nossos erros para colaborar com mais eficiência na sua divulgação e na redenção de nossas almas.

Jacob

2
Inventário
Espírita 1

Perguntastes se a multiplicidade dos grupos, em uma mesma localidade, não seria de molde a gerar rivalidades prejudiciais à Doutrina. Responderei que os que se acham imbuídos dos verdadeiros princípios dessa Doutrina, veem unicamente irmãos em todos os espíritas, e não rivais. Os que se mostrassem ciosos de outros grupos provariam existir-lhes no íntimo uma segunda intenção, ou o sentimento do amor-próprio, e que não os guia o amor da verdade. Afirmo que, se essas pessoas se achassem entre vós, logo semeariam no vosso grupo a discórdia e a desunião. Fénelon. (*O Livro dos Médiuns*, Allan Kardec, 2ª parte, cap. XXXI, item XXII, 69. ed., FEB.)

A grande transformação, pela qual o mundo passa, exige de todos os espíritas de boa vontade dedicação sincera à vivência e à prática dos postulados espíritas.

A Doutrina Espírita, baseando-se nas revelações dos Espíritos Superiores, é preciosa fonte de ensinamentos para as almas ainda distantes das verdades espirituais. O tempo de libertação das consciências é chegado; o Espiritismo, como Consolador Prometido, deve cumprir seu papel na educação do Espírito imortal. No plano das formas, constatamos que os países chamados desenvolvidos, atingiram essa condição pela importância concedida à educação de seu povo.

Não existe progresso material sem evolução intelectual.

Para se obter prosperidade na dimensão material, o Espírito encarnado deve lograr a sua formação nas escolas do mundo. O médico dedicado já sentou no banco escolar, para receber as primeiras noções sobre estrutura celular. O matemático aplicado não olvidou o aprendizado das quatro operações básicas da Aritmética. O renomado escritor grafou primeiramente rabiscos, para posteriormente escrever as grandes obras da literatura mundial.

O prestigioso engenheiro precisa conhecer a qualidade do cimento, para poder erguer o arranha-céu.

No campo da alma, a evolução deve ocorrer sob dois aspectos: o moral e o intelectual.

A Doutrina Espírita apresenta à humanidade o roteiro seguro para a ascensão daqueles que se esforçam em praticar os seus postulados. De um lado, Jesus convidando-nos a adentrar pela porta estreita, que é a opção do Espírito pela sua autotransformação. De outro, os Espíritos reveladores nos oferecendo a bússola segura para encontrarmos o melhor roteiro para nossa evolução.

Filosofia, Ciência e Religião, eis a tríade redentora!

A Codificação Espírita é programa educacional por excelência. Não pode haver aprendizado do Espiritismo sem o estudo sério e contínuo de seus princípios.

A mediunidade é para a alma a sinfonia redentora; o estudo do Espiritismo, a partitura que lhe auxiliará na execução da ária celestial. Não pode haver libertação das consciências sem o autoconhecimento.

Capítulo 2

Para nossa libertação, devemos empreender esforços no emprego dos valores morais que a Doutrina Espírita nos apresenta. A independência está ao nosso alcance, todavia, precisamos aprender a raciocinar e a agir.

Os homens necessitam aprender, e o Centro Espírita, em sua função de escola de almas, deve cumprir seu papel como educandário bendito.

Preocupados com os desvios que vem ocorrendo em nosso Movimento, nobres entidades convocaram uma reunião no plano espiritual. Em data aprazada, durante o sono físico, dirigentes e médiuns espíritas de várias cidades brasileiras foram trazidos para a referida reunião com benfeitores desencarnados. Cairbar Schutel[1],

◇◇◇◇◇◇◇

1 Nota do médium: Cairbar de Souza Schutel nasceu na cidade do Rio de Janeiro em 22/09/1868 e desencarnou em Matão, estado de São Paulo, em 30/01/1938. Foi infatigável trabalhador espírita e portador dos melhores exemplos de caridade cristã. Lançou o jornal *O Clarim* e a *Revista Internacio-*

o Espírito responsável pelo encontro, recebia a todos fraternalmente.

A tertúlia seria realizada na Escola Aprendizes do Evangelho, localizada na Colônia Alvorada Nova, ambas no plano espiritual.

O auditório abrigava cerca de dois mil e quinhentos dirigentes e médiuns encarnados. Curiosos, muitos dos presentes indagavam sobre o motivo de tão concorrida conferência:

– O que será discutido? – perguntavam uns.

– Receberemos novas missões? – inquiriam outros.

Depois de alguns minutos, adentrava a sala de reuniões simpática entidade, logo reconhecida pelos presentes. Era Cairbar Schutel. Após alguns instantes, ouvia-se a voz serena do recém-chegado:

---

nal de Espiritismo (RIE), ambos circulando até hoje. Fundou a Casa Editora O Clarim, que publica livros espíritas. Polemista emérito, jamais se curvou às perseguições contra o Espiritismo. Ver biografia completa no livro *Grandes Espíritas do Brasil*, Zêus Wantuil, p. 254 a 264, 4. ed., FEB.

Capítulo 2

– Irmãos, a paz seja conosco!

Imediatamente, a conversação cessou, e todos passaram a ouvir o Bandeirante do Espiritismo no Brasil.

– Mantenhamos os nossos corações voltados para este momento grave e procuremos nos unir em uma mesma comunhão de sentimentos.

Ladeado por três Espíritos de semblante austero, Cairbar esclarecia:

– Irmãos, todos temos consciência do momento delicado pelo qual passa a humanidade. Sendo assim, fomos convocados para ouvirmos alguns relatos sobre a maneira como os homens estão praticando e divulgando o Espiritismo. Recordemo-nos da assertiva de Léon Denis: "O Espiritismo será o que o fizerem os homens"[2]. É mister que nos unamos para preservar os princípios que embasam a Doutrina Espírita.

E, apontando para uma tela muito grande que descia do teto, afirmou:

2 Nota do médium: ver em *No Invisível*, Léon Denis, p. 9, 23. ed., FEB.

– Acompanharemos a projeção de alguns fatos registrados por trabalhadores de nossa esfera nos Centros Espíritas. Não iniciamos, nesta reunião, um período inquisitorial dos espíritas, todavia, os casos aqui expostos deverão ser analisados por todos, para que nos sirvam de alerta e aprendizado.

Empreendendo uma breve pausa em suas colocações, Cairbar informou:

– Após a prece e o breve comentário de nosso irmão Urbano, passaremos a assistir a fatos, presenciados por nós em Instituições Espíritas, as quais olvidam que o Espiritismo não pode existir sem o estudo e sem a aplicação dos postulados que Allan Kardec codificou.

Meneando a cabeça com singelo sorriso, Cairbar pediu a Urbano que proferisse a prece de abertura da reunião. Tomando a palavra, ele agradeceu ao Pai por aquele momento de reflexão.

No instante em que a prece foi proferida, raios luminosos envolveram a todos, transmitindo paz aos presentes. Finda a oração, Urbano dirigiu-se aos presentes com extremado respeito e carinho:

– Irmãos em Cristo. Não é surpresa para ninguém que, a cada dia, cheguem às nobres Instituições dirigidas pelos confrades, magotes de sofredores de todo jaez. Combalidos por não encontrarem realização nas aquisições materiais e sem respostas satisfatórias às perquirições íntimas, os homens encontram-se desiludidos. Depressões, obsessões, mediunidades desajustadas, psicopatologias instaladas pelo desconhecimento da gênese espiritual da vida, guerras, violências, distúrbios de todo matiz a empurrarem as criaturas para o precipício das paixões avassaladoras... De um lado, a coerção do inferno a amedrontar os incautos; de outro, um céu mentiroso e ilusório acenando como solução. Entre o céu e o inferno, deficientes visuais da alma desejam tirar proveito da desdita da criatura humana, através de promessas de paraíso na Terra por meio de bens transitórios.

Aqueles que já receberam o esclarecimento do Consolador Prometido por Jesus são convocados a colocar a luz sobre o alqueire. Precisamos reavaliar nossas propostas de trabalho. Não podemos perder o norte assinalado pelo insigne Allan Kardec há 152 anos.

Observando a reação dos médiuns e dirigentes, Urbano continuou:

– O que estamos fazendo da Doutrina confiada a nós outros? Lamentavelmente, equivocamo-nos muitas vezes, desejando tornar-nos maiores que a tarefa. Em muitas Instituições, os modismos grassam em detrimento do estudo doutrinário e sistematizado. O passe magnético é vulgarizado, pois é aplicado sem que se orientem os assistidos quanto à sua eficácia. As palestras embasadas na Codificação são deixadas de lado, e substituídas por terapêuticas esdrúxulas, que não tem aval na Codificação Espírita. Por outro lado, algumas Instituições preocupam-se apenas com o serviço social, abandonando o esclarecimento das almas. Inadvertidamente, Allan Kardec é esquecido, e a mediunidade passa a subir no palco das vaidades humanas. Outros mais colocaram Jesus para fora de suas Instituições, detendo-se apenas no aspecto científico de uma Doutrina que está fundamentada na Ciência, na Filosofia e na Religião. Vários companheiros, sofrendo de desvarios, acreditam que determinados benfeitores espirituais somente a eles atendem. O Pacto Áureo[3] não é sequer comentado nas Sociedades Espíritas, muito menos em seus Órgãos de Unificação. Precisamos fazer um inventário de nosso Movimento, sob pena de nos tornarmos os fariseus da mediunidade.

Os presentes ouviam as assertivas de Urbano, sem sopitar a própria inquietação. A entidade, com acendrado respeito, prosseguiu:

– Onde encontrar a salvação ante ao naufrágio iminente? Irmãos – continuou com gravidade – não podemos abandonar os postulados inolvidáveis da Codificação. No Espiritismo, encontramos respostas às nossas dúvidas existenciais; em Jesus, o exemplo a ser seguido para a reforma de nosso comportamento.

É necessidade premente para o nosso Movimento que doemos o melhor de nossas forças, sem que a inveja e o melindre nos afas-

◇◇◇◇◇◇◇

3 Nota do médium: o Pácto Áureo, na apropriada expressão de Lins de Vasconcelos, é o nome da ata da Grande Conferência Espírita do Rio de Janeiro, ocorrida em 5 de outubro de 1949, que concretizou a união dos espíritas brasileiros.

tem do caminho. Somos todos aprendizes. Alguns confrades, por vezes, acabam por se deter demasiadamente na letra, esquecendo-se do Espírito; o equilíbrio, em qualquer empreendimento, nos dará a alegria para a realização exitosa. O Espiritismo precisa penetrar realmente em nosso coração. Essa luz deve refletir-se em nossa alma, para que possamos, libertos pelo conhecimento e pelo amor de Jesus Cristo, auxiliar nossos irmãos de caminhada.

Responder pelo funcionamento de um instituto educacional de almas, representado por uma Sociedade Espírita, requisita iniciativas em torno de um planejamento elaborado com responsabilidade. Tracemos metas! Nosso referencial é a Codificação. Se não resgatarmos o estudo da Codificação Espírita para as Instituições, poderemos nos tornar um teatro, onde fantasmas encarnados e desencarnados representarão apenas a desdita e o espetáculo das tragédias humanas.

Tenhamos a coragem de dar oportunidade a novos companheiros! As Sociedades Espíritas bem sedimentadas na Codificação não se constituem em propriedades particulares. Onde não há renovação de dirigentes, as idéias e as opiniões se cristalizam. As Casas Espíritas, que adquirem, ao longo dos anos, o perfil de seus pseudoproprietários, prejudicam-se quando optam pelo não aproveitamento de trabalhadores que poderiam ser preparados para o prosseguimento de suas atividades.

Avante, companheiros! O Cristo nos conclama ao trabalho!

Alguns dirigentes e médiuns encarnados alegravam-se com as corajosas afirmações de Urbano, outros permaneciam em silêncio, sem aceitar as colocações.

– Projetaremos, a seguir, fatos que foram gravados para o esclarecimento geral. As Instituições Espíritas e os personagens dos casos apresentados tiveram suas identidades preservadas através da substituição de nomes. As cenas foram gravadas alterando-se vozes e fisionomias.[4]

◇◇◇◇◇◇◇

4 Nota do médium: entendemos que a Espiritualidade Superior, na veiculação da projeção dos fatos, usou recursos técnicos ainda inalcançáveis ao nosso enten-

A um sinal de Cairbar, iniciava-se a projeção da imagem, e todos acompanhavam com expectativa. Aparecia, na tela fluídica, em letras luminosas, um trecho da *I Epístola de Paulo aos Coríntios* e outro trecho de *O Livro dos Médiuns*, capítulo XXXI, "Dissertações Espíritas".

Enquanto as letras corriam verticalmente na tela, uma voz de timbre agradável narrava as referidas mensagens...

dimento, mas, de certo modo, parecidos com a tecnologia desenvolvida na área de computação gráfica de nosso mundo material.

3
O Dirigente Severo

Rogo-vos, porém, irmãos,
pelo nome de nosso Senhor Jesus Cristo,
que digais todos uma mesma coisa,
e que não haja entre vós dissensões;
antes, sejais unidos em um
mesmo sentido e em um mesmo parecer.

Paulo (I Coríntios, 1:10.)

Não vos arreceeis de certos obstáculos, de certas controvérsias.

A ninguém atormenteis com qualquer insistência. Aos incrédulos, a persuasão não virá, senão pelo vosso desinteresse, senão pela vossa tolerância e pela vossa caridade para com todos, sem exceção.

Guardai-vos, sobretudo, de violar a opinião, mesmo por palavras ou por demonstrações públicas. Quanto mais modestos fordes, tanto mais conseguireis tornar-vos apreciados.(...) São Luís. (O Livro dos Médiuns, Allan Kardec, 2ª parte, cap. XXXI, item VI, 69. ed., FEB.)

Seu verbo era eloqüente! Suas palestras concorridas! Com carisma, conseguia envolver as pessoas, o que lhe granjeava extrema simpatia no Movimento Espírita local. Assumia a postura de verdadeiro arauto da verdade; entrementes, atacava a todos que não lhe compartilhassem a opinião: pessoas e outras Instituições Espíritas.

Vamos encontrá-lo em conversa fraternal com outro trabalhador da Seara Espírita:

– É o que lhe digo, Antero: as instruções de Allan Kardec são incontestáveis. Na direção dos trabalhos mediúnicos que me foi confiada, não permito, em hipótese alguma, a manifestação de qualquer Espírito com determinados maneirismos no falar, principalmente, aqueles que se intitulam pretos velhos, índios e tudo mais. Está muito claro que, desencarnado, o Espírito pode se manifestar de maneira mais clara. Cabe ao médium ser um filtro seguro e freqüentar as reuniões de estudo que a Casa oferece. E lhe digo mais: sei que sou médium inspirado, nunca precisei ver Espíritos para me convencer da realidade da vida espiritual. Dirijo as reuniões de intercâmbio com o Além, baseado em meus conhecimentos e na inspiração que recebo dos dirigentes desencarnados. Nunca me preocupei em saber quem é meu mentor. Quando alguém me pergunta: "Quem é seu mentor?", a resposta está na ponta da língua: "Tenho cinco mentores: *O Livro dos Espíritos*, *O Livro dos Médiuns*, *O Evangelho segundo o Espiritismo*, *O Céu e o Inferno e A Gênese*". Para que mentores melhores, não é? – esclarecia Aprígio.

Tentando incentivar o dirigente ao raciocínio, Antero acrescentou:

– Mas, Aprígio, se na dimensão espiritual não contamos tempo, não seria razoável que tivéssemos mais compreensão com essas entidades que ainda se utilizam dessa maneira de falar, mas que estão servindo à causa do Cristo?

– Seus argumentos são infundados. Percebo que lhe falta um maior aprofundamento nas obras básicas.

Compreensivo, Antero prosseguiu:

– Amigo Aprígio, alardeamos aos quatro ventos que a natureza não dá saltos. Reflitamos: se um Espírito manifesta-se em nossa reunião de auxílio, pedindo por missa, pois, em sua última trajetória na escola da carne, ele professou o Catolicismo, será de bom alvitre que não lhe violentemos a fé e aguardemos melhor oportunidade para o esclarecimento oportuno. Podemos oferecer-lhe o concurso da prece, sem exigências.

– Como pode se dar isso, Antero? Aconselha-me, então, a mandar rezar uma missa para ele? – provocava Aprígio.

Buscando um tom conciliador, Antero respondeu:

– Amigo, com aqueles que não receberam a luz esclarecedora da Doutrina Espírita, devemos ter compreensão, pois não podemos tentar converter os Espíritos em espíritas.

– Não posso aceitar seus argumentos; a mim, como dirigente, cabe apenas esclarecer. Qualquer entidade que se manifeste em nossas reuniões, com vocabulário denotando manifestações de cultos africanos, deve ser impedida de se comunicar, até que entenda a verdade. E, se o médium não colaborar, uso de minhas prerrogativas de dirigente e o afasto da nossa reunião.

– Em uma última tentativa de esclarecimento, Antero redargüiu:

– O católico desperta na erraticidade mantendo sua fé nos conceitos que abraçou em sua romagem terrena; o protestante revela-se o mesmo em seu despertar. Assim, ocorre com todos os profitentes de qualquer religião. Se acreditamos realmente que o Espiritismo é o Consolador Prometido, devemos ter paciência e compreensão, pois a verdade não precisa de paracleto. Nossa Doutrina tem, como expressão da verdade, pontos básicos, tal como a reencarnação. Quanto tempo nós, espíritas, levamos, através dos séculos, para compreender e aceitar o que hoje nos alimenta a fé? Todos cumprem seu papel na programação divina. Há quanto tempo o Criador aguardou nosso despertar? Façamos sempre o melhor e recebamos as entidades que se manifestem em nossas Instituições, esclarecendo-as de maneira cristã, sem impor as lições que por vezes interpretamos ao pé da letra. Não olvidemos que a letra mata, e o Espírito vivifica.

– Lamento, mas não posso concordar!

Depois de mais alguns minutos, a conversação foi encerrada, e Aprígio retirou-se, pensando: "Só me faltava essa: ter que abrir espaço, em nossas reuniões, para Espíritos de comportamento equivocado".

Alguns dias se passaram...

Em uma determinada noite, Aprígio convidava todos os participantes da reunião de desobsessão para a prece de início dos trabalhos.

Após a prece de abertura, a leitura de *O Evangelho segundo o Espiritismo* induziu todos à reflexão.

A equipe mediúnica era composta por oito médiuns. Dona Zilda e Osório eram os mais experientes, pois se dedicavam, com muito carinho e amor, às tarefas da Casa. Além disso, eram assíduos freqüentadores dos cursos ministrados naquela Instituição. As comunicações recebidas por tais companheiros eram analisadas criteriosamente e traziam, em seu bojo, muitos ensinamentos pertinentes aos ensinos evangélicos.

O Dirigente Severo

Depois dos comentários acerca da lição, iniciou-se o atendimento.

Algumas entidades se manifestaram. Aprígio, como sempre, usava de seu verbo severo com Espíritos e médiuns. Durante a reunião, uma entidade iniciou a comunicação, emitindo sons singulares; seu vocabulário era de difícil compreensão.

Aprígio aproximou-se e deu as boas-vindas:

– Seja bem-vindo, meu irmão! Pode nos transmitir a sua mensagem.

O Espírito começou a falar e foi interrompido por ele:

– Meu amigo, você pode falar mais claramente. Esforce-se por vencer essa dificuldade!

A entidade tartamudeava algumas sílabas, e o dirigente insistia:

– O médium deve colaborar na comunicação. Vamos! Fale claramente!

O Espírito esforçava-se. O médium, devido à severidade excessiva do dirigente, foi perdendo a sintonia, até que a comunicação cessou.

O trabalho continuou e, após o seu encerramento, Aprígio dirigiu-se ao médium responsável por aquela comunicação:

43

– Osório, não compreendo a sua colaboração com esse tipo de entidade. Você é um médium experiente, com conhecimento do processo de intercâmbio mediúnico. Por favor, seja mais equilibrado, sim?

– Seu Aprígio, não sei o que aconteceu. O Espírito envolveu-me com carinho; não era uma entidade desequilibrada; mas minha garganta ficou totalmente adormecida. Não senti a minha língua.

O médium ficou envergonhado pela situação, pois o dirigente não fora discreto em seus comentários.

Finalizando a conversa, Aprígio asseverou:

– Preciso da colaboração dos médiuns para que atendamos o maior número possível de Espíritos em nossa reunião. Não podemos tergiversar em situações comezinhas. Quem não se adaptar aos nossos métodos de trabalho, poderá ser desligado da equipe.

Constrangidos, os médiuns despediram-se.

Na semana seguinte, a reunião iniciava-se pontualmente. Depois da abertura rotineira pela prece e da leitura de *O Evangelho segundo o Espiritismo*, a palavra foi facultada aos Espíritos.

O Dirigente Severo

Novamente, Osório sentiu-se envolver pela mesma entidade; sua língua e sua garganta foram ficando dormentes. Aprígio, observando o médium, aproximou-se e deu as boas-vindas. A entidade emitiu alguns sons incompreensíveis:

— Meu amigo — afirmava o dirigente — aproveite o ensejo concedido. Não podemos ficar aqui tirando a oportunidade de outros irmãos. Diga claramente o que se passa.

Ouviram-se mais sons ininteligíveis. Depois de alguns minutos, o orientador encarnado, impaciente, falou:

— Já que você não quer aproveitar a oportunidade, peço-lhe que se retire.

Para surpresa de Aprígio, Dona Zilda, também envolvida mediunicamente, alertou:

— Irmão dirigente, tenha paciência com nosso companheiro. A dificuldade de manifestação deve-se ao fato desse companheiro ser portador, durante a sua última encarnação, de limitação na fala.

Sem graça, Aprígio perguntou:

— Ele era mudo?

— Sim. Ele está sendo trazido, pela segunda vez, a esta reunião, por necessitar do contato com o fluido do médium. Essa providência lhe auxiliará a vencer tal dificuldade, que agora se encontra apenas em seu psiquismo. O contato com o médium e a conseqüente manifestação é medicamento bendito para o nosso companheiro. Todos os Espíritos que se manifestam nesta reunião de assistência, assim o fazem, por misericórdia de Deus.

E, encerrando a comunicação, a entidade amiga despediu-se:

– Muita paz a todos!

Fez-se intenso silêncio.

Ainda envolvido pelo Espírito comunicante, Osório pôde emitir uma frase entrecortada:

– Graaa-aaçaaa-asssss a Dee-eee-eeuu-uusssss!

A emoção tomou conta de todos. O dirigente, envergonhado, pediu para um dos presentes fazer a prece de encerramento.

Dias depois, convidado para fazer uma palestra em outra Instituição, Aprígio compareceu com sua palavra convincente.

Após o encerramento da exposição, uma das trabalhadoras da casa aproximou-se e, discretamente, disse-lhe:

O Dirigente Severo

– Permita-me incentivá-lo. Deus o auxilie em sua tarefa! A palestra foi muito emocionante. E lhe confesso que, por mercê de Jesus, tive a vidência acionada durante sua exposição. Seu Aprígio, devo dizer-lhe que o senhor é uma pessoa muito bem orientada.

– Devemos dar graças a Deus por tudo, não é? – ele respondeu sem jeito. – Mas, por que a senhora me diz isso?

– Emocionei-me, pois, durante sua palestra, uma entidade luminosa, que se apresentava como um idoso escravo africano, lhe inspirava o verbo, envolvendo-o em vibrações de muito amor. Deus o abençoe!

Sem graça, o severo dirigente redargüiu, afastando-se:

– Assim seja!

4
O Guia é Meu

*Porque a sabedoria deste mundo
é loucura diante de Deus;
pois está escrito: Ele apanha os
sábios na sua própria astúcia.*

Paulo (I Coríntios, 3:19.)

Os falsos profetas não se encontram apenas entre os encarnados; há-os, igualmente, e em número muito maior, entre os Espíritos orgulhosos que, sob falsas aparências de amor e caridade, semeiam a desunião e retardam a obra de emancipação da Humanidade, lançando-lhe de través sistemas absurdos, que fazem sejam aceitos pelos seus médiuns.(...) Erasto. (*O Livro dos Médiuns*, Allan Kardec, 2ª parte, cap. XXXI, item XXVIII, 69. ed., FEB.)

Capítulo 4

– Pois é como lhe digo, Hercílio: esta Instituição não satisfaz aos meus anseios. Todas as comunicações que recebo são analisadas pelo Enoque, o dirigente da reunião de educação mediúnica. Para mim, isso é um acinte. Logo comigo, que tenho certeza da idoneidade dos Espíritos que me assistem!

Procurando acalmar o interlocutor, Hercílio aconselhava:

– Isidoro, não se inquiete com isso. Enoque apenas segue a orientação de Allan Kardec de que "é melhor repelir dez verdades do que admitir uma única falsidade"[1] Você não fez os cursos sistematizados da Casa?

– Fiz e sei que devemos respeitar as orientações do Codificador, mas devo ressaltar que esse tipo de conduta deve ser aplicado apenas aos novatos nas lides mediúnicas. Sou eu que tenho recebido as mensagens da mentora deste Centro. E ela já me disse que, se eu sair daqui, ela sai também.

◇◇◇◇◇◇◇

1 Nota do médium: ver em *O Livro dos Médiuns*, Allan Kardec, 2ª parte, cap. XX, item 230, 69.ed., FEB.

O Guia é Meu

– Franzindo o sobrolho e demonstrando preocupação, Hercílio aduzia com carinho:

– Isidoro, antigüidade nas tarefas medianímicas não representa imunidade contra os Espíritos enganadores. Os Espíritos sérios não são nossa propriedade. Eles se manifestam onde a Misericórdia Divina deseja se apresentar. Relembremos que os apóstolos do Cristo, embora estivessem ladeados pelo Nazareno, não passaram incólumes pelo assédio das trevas. Acalme seu coração e afaste de sua alma o obsessor chamado "melindre". O orgulho é a sintonia mais perfeita que podemos oferecer aos inimigos do nosso progresso.

– O que é isso, Hercílio? Até você não me compreende? Não ve que sou injustiçado nesta Instituição? A cada momento que passa, mais guardo a certeza de que minha mediunidade e meus guias despertam a inveja nesta Casa. Tenho certeza de que, se eu sair, eles saem também.

Hercílio ainda tentou explicar:

– Amigo Isidoro, eu...!?

– Percebo que o único caminho a seguir é me afastar daqui.

Dias depois, Isidoro alardeava a todos os trabalhadores da Casa Espírita o seu desejo de sair e fundar uma nova Instituição.

Entre alguns trabalhadores daquele Centro, a maledicência foi instalando-se e levando, de roldão, os seareiros que não simpatizavam com o dirigente Enoque.

Isidoro procurava alguns trabalhadores e pedia-lhes sigilo, dizendo:

— Não comente com ninguém. Falo com você, pois sei em quem posso confiar. Em breve, sairei desta Casa. E só quero comigo pessoas de minha total confiança. As entidades que me orientam já me avisaram de que aqui estamos sob o domínio de Espíritos desajustados. A mentora vai embora comigo. Disse-me que, no momento em que eu me retirar, ela também se afastará. Só espero o tempo necessário para arregimentar pessoas de boa vontade como você.

A cada dia, mais certeza tinha Isidoro de que estava sendo injustiçado, devido à mediunidade da qual era portador. Acreditava-se assistido por Espíritos de escol.

Fascinado, pensava com revolta: "A inveja desses dirigentes não vai me impedir de cumprir minha missão. Eles vão ver só: vou levar as entidades amigas comigo!".

Muitos tarefeiros invigilantes, por não concordarem com as diretrizes da Casa, deixavamse levar pelas idéias sedutoras do médium.

Isidoro não percebia, mas estava sendo instrumento das trevas. Para agravar a situação e antecipar sua saída, passou a receber mensagens de aconselhamento dirigidas a outros trabalhadores. Ao final de cada reunião, ele chamava alguém em particular e dizia:

– Aqui está uma mensagem para você. Meus guias me pediram para que eu lhe entregasse.

Enoque, observando aquela situação, chamou o médium para conversar e lhe disse:

– Amigo Isidoro, gostaria que todas as mensagens que você intermediasse dos Espíritos fossem lidas em público.

Contrafeito, o médium fascinado respondeu:

– Não posso fazer isso, as mensagens têm cunho particular!

Capítulo 4

— Amigo, não podemos compactuar com esse tipo de atitude. Devemos pautar nossa conduta dentro das orientações contidas em O Livro dos Médiuns. Como garantir a autenticidade de tais missivas?
— Entendi... Você não confia em mim.
— Não é isso, Isidoro! Segundo Allan Kardec e as entidades amigas, tudo deve ser analisado. E o médium deve tomar, em primeiro lugar, para ele todos os conselhos que receba e acredite ser para os outros.
— Para mim, chega! Não volto mais a este Centro!
Nervoso, Isidoro saiu sem se despedir dos companheiros. E, em poucos dias, a insurreição velada evidenciou-se no comportamento de muitos.
A Casa Espírita foi alvo da dissensão de alguns colaboradores. Soube-se, depois, que Isidoro telefonara para alguns trabalhadores que lhe compartilhavam as idéias, e um total de quinze pessoas acabou por se afastar das tarefas.

– É o que lhes digo, meus amigos: a nossa Casa irá realizar a verdadeira caridade. Esse pessoal que se prende muito ao estudo acaba por se transformar em intelectual espírita e não ajuda a ninguém.

O pequeno grupo comemorava a fundação da nova Casa Espírita. Animados, escolheram a diretoria, e coube a Isidoro a presidência da novel instituição.

– Isidoro, como serão os trabalhos? – perguntou um membro da direção.

– A mentora está me dizendo que devo assumir as funções de maior relevância, visto que sou o mais experiente nas lides mediúnicas. Escolherei todos os trabalhadores. Ninguém poderá assumir nenhuma tarefa, sem que seja por mim entrevistado e a mentora aprove.

Rindo-se, duas entidades de aspecto sombrio comentavam:

– Não podemos permitir que o estudo se instale nesta Casa.

Meneando a cabeça positivamente, o outro Espírito comentou:

– Tudo está correndo conforme nossos planos. Quanto mais Casas Espíritas forem fundadas sem embasamento nas obras do tal de Kardec, melhor para nós. A desunião desse pessoal facilita nosso trabalho e nos ajuda a manter o reino da ignorância. Nossa igreja não pode sofrer baixa em suas fileiras. Os dirigentes espíritas que deixam de lado o estudo e destacam a si próprios são os instrumentos perfeitos para que essa doutrina de alucinados seja enfraquecida.

Isidoro encerrou a reunião, e o grupo despediu-se com votos de júbilo, pela nova Casa fundada.

Aos quatro cantos, o dirigente encarnado anunciava, quando alguém lhe perguntava:

– Irmão Isidoro, quem é o mentor da nova casa?

– A mentora é a irmã...

Sem compreender, o interlocutor insistia:

– Mas esse Espírito não é a mentora da outra Instituição?

– Eles não merecem tê-la como orientadora. Ela me acompanha aonde eu for.

O tempo passou, e muitos companheiros se aproximaram daquele Centro intuídos por Espíritos preocupados com a divulgação da

O Guia é Meu

verdade e com a implantação do estudo da Doutrina Espírita. Mas, Isidoro sempre dizia:

– O estudo não é importante; o importante é a caridade.

E, citando o respeitável médium Chico Xavier, afirmava:

– O Chico só fazia caridade. Ele é o nosso maior exemplo.

Isidoro desconhecia que o citado médium era impelido constantemente, pelas entidades que o orientavam, ao estudo contínuo das obras de Allan Kardec.

O Centro, então, foi inaugurado com grande estardalhaço. O dirigente chorou de emoção e asseverou que ali o estudo aconteceria, mas que a caridade estaria em primeiro lugar. Em vão, entidades amigas tentavam envolver o médium obsediado para aconselharem-no a renovar os pensamentos e a implantar, primeiramente, o estudo.

No entanto, Isidoro era refratário a essas informações. Iludido pelas duas entidades que o envolviam, convocou uma reunião para expor alguns projetos concernentes à nova Casa Espírita.

– Gostaria de avisar aos nossos trabalhadores que assumirei a função de diretor doutrinário.

Um dos colaboradores, então, informou:

– Irmão Isidoro, conheço uma pessoa que tem muito conhecimento e que poderia colaborar conosco na formação do nosso grupo de estudos.

Observando a reação dos colaboradores, ele reagiu:

– Eu já disse que não implantaremos o estudo agora!

– Mas isso não é certo! – apartou um colaborador, intuído por Espíritos benfazejos.

– Mas como, se sou eu que decido?! – bradou Isidoro, aborrecido.

– Meu irmão, a caridade é importante como prática libertadora do egoísmo, que carregamos em nós; todavia o estudo irá fortalecer a nossa Instituição.

Percebendo que nascia uma certa animosidade contra ele, os Espíritos que o orientavam, ditaram em seu psiquismo: "Concorde e aceite a colaboração do estranho. Se ele não atender aos nossos propósitos, você o afasta".

Procurando recompor-se da contrariedade, o dirigente aquiesceu:

– Você está certo. Peça ao seu amigo que compareça a uma entrevista comigo.

– Tenho certeza de que você vai gostar dele.

Depois de mais alguns comunicados, a reunião foi encerrada.

Na semana seguinte, o seareiro chegou à Casa Espírita, acompanhado pelo amigo.

Isidoro o recebeu fraternalmente, convidando-o para uma conversa em particular.

– Seja bem-vindo à nossa Casa! Recebi informações muito boas a seu respeito. Você é espírita há quanto tempo?

– Seu Isidoro, muito obrigado pela oportunidade! – o recém-chegado replicou gentilmente. – Meu nome é Anísio. Tornei-me espírita há vinte anos. Cheguei, há alguns meses a esta cidade, vindo de capital do Nordeste do país, e procuro uma Sociedade Espírita onde possa colaborar.

Olhando atentamente seu interlocutor, Isidoro recebia, em sua mente, a sugestão daquela que ele julgava ser sua mentora: "Vamos testá-lo. A reunião irá começar em poucos minutos. Convide-o para fazer a palestra".

– Anísio, você veio ao lugar certo. Daqui a pouco, iniciaremos a palestra. Eu mesmo seria o orador, mas cedo a você, com muita alegria em meu coração, a tarefa desta noite.

E, olhando fixamente para o interlocutor, o dirigente indagou:

– O que você acha?

Anísio surpreendeu-se com o convite, porém, atendendo às sugestões das entidades que lhe inspiravam, aceitou. Isidoro, então, olhando o relógio, disse-lhe:

– Partamos para a tarefa!

A ampla sala de palestras estava lotada. A maneira como o dirigente conduzia a Casa chamava a atenção daqueles que, por ignorância, buscavam apenas o mediunismo. Conduzido por Isidoro, Anísio sentou-se, enquanto o dirigente iniciava a reunião.

– Meus irmãos, sejam bem-vindos à nossa Casa de caridade. Estamos muito felizes pela presença de todos. Quero dizer que, diferentemente de outras Casas Espíritas, não cobramos formação em Espiritismo para que as pessoas possam nela trabalhar. Depois da prece que irei proferir, presenciaremos um exemplo claro do que estou afirmando. Aqui, ao meu lado, está nosso companheiro Anísio. Recém-chegado de outro Estado, começa seu trabalho hoje, em nosso Centro. Comigo é assim: basta a mentora me confirmar, que eu libero para a tarefa.

Anísio ouvia tudo com atenção, buscando inspiração nos mensageiros do Alto para a exposição da noite. Após a prece, Isidoro passou-lhe a palavra nestes termos:

– Ouviremos agora a maravilhosa palestra do nosso companheiro Anísio.

Sem graça, o palestrante levantou-se e, contemplando a todos, exclamou:

– Caros irmãos, muita paz!

Sem estar com o tema pronto, pegou um volume de *O Evangelho segundo o Espiritismo* que se encontrava sobre a mesa e abriu, rogando ajuda do Alto. Abriu na lição: "Haverá Falsos Cristos e Falsos Profetas". Engolindo em seco, o orador rogou amparo e iniciou sua fala:

– Meus irmãos, nossa ignorância do verdadeiro sentido da vida tem-nos levado a observar o nascimento de muitas instituições religiosas. Buscamos a Casa Espírita ou o templo de nossa devoção, acreditando na resolução imediata de nossos problemas.

Isidoro, surpreso, contemplava o orador.

– Detemos nossa visão apenas nas necessidades materiais e acreditamos que os aquinhoados e bem sucedidos no mundo são os escolhidos do Senhor. Como as políticas sociais em nosso país enfrentam dificuldades de atendimento às classes necessitadas, conseqüentemente, a miséria aumenta. Devido à crise mundial, as portas se fecham e as oportunidades escasseiam. Tolhido na realização dos seus desejos, o homem busca, em Deus, a realização de seus sonhos. Os necessitados aumentam a cada dia nos templos religiosos que prometem a salvação. Atualmente, existem cultos específicos para a suposta resolução de cada tipo de mal: desemprego, casamento infeliz, dívidas financeiras e tantos outros.

O dirigente encarnado fitava o palestrante com extremo interesse. As entidades que o fascinavam não estavam gostando do rumo daquela palestra. Mas Anísio, muito inspirado, continuava:

— Jesus, referindo-se à vida futura, asseverou: "Meu Reino não é deste mundo".[2] Será que sua promessa foi vã?

As pessoas estavam magnetizadas pelas palavras do orador, que continuava com entusiasmo:

— A Doutrina Espírita vem nos informar que o acaso não dirige nossos destinos. Assim, a vida reflete em suas causas o resultado matemático de nossas ações. Os falsos profetas estão por toda parte: nas igrejas do mundo, nas sinagogas, nas mesquitas e também nos Centros Espíritas.

"Aonde esse homem quer chegar?" – pensava Isidoro, sentindo-se constrangido.

Promessas são feitas, iludindo os incautos quanto às leis divinas. Mas ninguém pode prometer nada a ninguém, visto que construímos, a cada dia, nosso porvir – afirmou o palestrante, com tom grave na voz.

2 Nota do médium: ver em João, 18:36.

Isidoro franzia o sobrolho com profunda insatisfação. Intuído pela suposta mentora, pensava: "Vou interrompê-lo; pois ele vai deturpar o sentido de nossas tarefas".

Aumentando a irritação de Isidoro, Anísio afirmava:

– Não podemos conceber Espiritismo sem a leitura das verdades exaradas na Codificação Espírita. A Casa Espírita é uma escola de almas.

– Muito bem! – interrompeu Isidoro. – O tempo da nossa palestra chegou ao fim. Vamos aos passes!

Logo em seguida, olhando para Anísio, sem conseguir esconder seu descontrole, sustentou:

– Os passes e as orientações da nossa mentora são o que importam.

Sem graça, Anísio afastou-se do palco, e Isidoro, com grosseria, disse ao orador imigrante:

– Você é daqueles que preferem o estudo à ação. Nossa Casa está com as portas abertas para você, mas, aqui se trabalha mais do que se garganteia. Minha mentora me pediu para lhe dar esse recado.

O Guia é Meu

Anísio ainda tentou argumentar, mas, fascinado, o dirigente não quis ouvi-lo.

Meses depois, um jovem médium apresentou-se a Isidoro. Portador de mediunidade curadora, sem estudo e sem conhecimento das obras espíritas, o principiante espírita foi envolvido em terrível obsessão, vindo a ser preso, juntamente com o dirigente equivocado, por prática ilegal da Medicina.

A suposta mentora de Isidoro ria-se com mais alguns Espíritos das trevas, e afirmava:

– Vamos, camaradas! Procuremos outro médium que nos ofereça campo de atuação! Mais uma vez, daremos preferência àqueles que são contra o estudo dos livros de Allan Kardec.

E, com gargalhada geral, os representantes das trevas afastaram-se, comemorando a desdita de Isidoro.

Nos meses em que o dirigente, então arrependido, ficou preso, passou a maior parte do tempo estudando *O Livro dos Médiuns*, que ganhara de presente de Enoque na época em que conhecera o Espiritismo. Após cumprir pena, envergonhado, ele dizia:

65

– Atrasei meus passos na tarefa mediúnica: fundei uma Casa e fui contra a causa.

Três anos depois, Isidoro era visto, freqüentando aulas de iniciação ao Espiritismo em Sociedade Espírita respeitável.

5
Quem Estiver
sem Pecado

*Acerca dos dons espirituais, não quero,
irmãos, que sejais ignorantes.*

Paulo (I Coríntios, 12:1.)

O Espiritismo deverá ser uma égide contra o espírito de discórdia e de dissensão; mas, esse espírito, desde todos os tempos, vem brandindo o seu facho sobre os humanos, porque cioso ele é da ventura que a paz e a união proporcionam. Espíritas! bem pode ele, portanto, penetrar nas vossas assembléias e, não duvideis, procurará semear entre vós a desafeição. Impotente, porém, será contra os que tenham a animá-los o sentimento da verdadeira caridade.(...) São Vicente de Paulo. (*O Livro dos Médiuns*, Allan Kardec, 2ª parte, cap. XXXI, item XXVI, 69. ed., FEB.)

Tomando a palavra, o secretário Noronha afirmou:

– Amigos, peço ao nosso irmão Adelino que faça a prece de início da nossa reunião.

Atendendo ao pedido de Noronha, o presidente do Órgão de Unificação das Casas Espíritas daquela cidade aquiesceu, iniciando a prece:

– Senhor Jesus, mais uma vez, encontramo-nos aqui reunidos para tratar sobre o Movimento Espírita em nossa cidade. Permita que todas as decisões sejam norteadas pelo sentimento cristão! Sejam nossas idéias embasadas na orientação de Allan Kardec! Rogamos a Jesus, Médico dos médicos, amparar nossas almas convalescentes dos erros pretéritos e nos conceder a Sua paz hoje e sempre!

Após a prece, a ata da última reunião foi lida e aprovada. Em seguida, o dirigente do encontro assumiu a palavra.

– Queridos irmãos, como presidente deste Órgão de Unificação das Casas Espíritas, declaro aberta a reunião de hoje. O assunto pendente de nosso último encontro foi a respeito da lista de oradores espíritas que atuarão em nos-

Quem Estiver sem Pecado

sas Instituições. Agora, passo a palavra ao nosso primeiro-secretário. Por favor, Noronha!

– Presidente Adelino, membros de nosso Órgão de Unificação, seguindo a pauta proposta, gostaríamos de afirmar que nossa seleção deve ser rigorosa em relação aos oradores que devemos receber em nossas Casas Espíritas. Falar sobre a Doutrina Espírita requer vivência de seus postulados. Trouxe comigo uma lista a ser aprovada por todos os presentes, para legitimarmos os que podem falar de nossa Doutrina sem maculá-la.

Os doze dirigentes que ali se encontravam ouviam tudo com atenção. O secretário, abrindo uma pasta e puxando um papel, iniciou a leitura, citando o primeiro nome para a apreciação do conselho reunido.

– Bem, em primeiro lugar, temos o confrade Agildo Esteves.

Tomando a palavra, Adelino perguntou:

– O que pensam da inclusão deste companheiro em nossa relação de oradores?

– Eu sou contra, presidente – declarou Eustáquio, representante de uma das Casas Espíritas. – Ele é dirigente de uma Casa que, felizmente, não faz parte de nosso grupo.

– E qual o motivo, Eustáquio?

– Ouvi dizer que em seu Centro andam fomentando práticas estranhas à Doutrina Espírita, como as tais terapias alternativas.

Alguns dirigentes inquietaram-se com as afirmações do confrade.

– Apoiado, apoiado! – afirmava um.

– O Eustáquio está certo! – bradava outro.

– Confrades, por favor, tenham calma! – intercedeu Adelino.

Sem que os presentes percebessem, Espíritos amorosos envolviam Adelino, inspirando-lhe o verbo conciliador.

– Meus amigos, quem já esteve na Casa dirigida pelo nosso irmão Agildo Esteves e pode confirmar tal fato?

– Quem me falou foi um freqüentador de nossa Instituição. – afirmou Eustáquio, contrafeito.

– Adelino, não podemos aceitar, em nosso meio, alguém que proceda contra as diretrizes apontadas na Codificação – aduzia outro dirigente.

– Vou repetir a pergunta. Alguém já esteve na Instituição dirigida por Esteves e teve oportunidade de comprovar tal fato?

Quem Estiver sem Pecado

Os dirigentes entreolharam-se, e ninguém pode assegurar a veracidade da informação.

Retomando a palavra, o presidente do grupo indagou:

– Se ninguém pode confirmar isso, não podemos acreditar em boatos e, muito menos, tecer comentários sobre quem não está presente para esclarecer dúvidas.

Um dos dirigentes, que até então se mantinha calado, pediu a palavra.

– Pode falar, Hidalgo! – assentiu Adelino.

– Meus irmãos, já tive ocasião de presenciar exposições de nosso confrade Esteves, e nunca ouvi dele algo que se referisse à adoção de terapias alternativas no Centro Espírita. E, se porventura, nosso irmão estiver se utilizando desses recursos na Instituição em que milita, não vejo motivo para bani-lo de nosso meio.

Noronha, inconformado, falou:

– Não podemos abrigar, em nosso Movimento, pessoas que não seguem os postulados espíritas.

– Por que ele não foi convidado para participar de nossa reunião? – indagou Adelino.

A pergunta ficou sem resposta, e Hidalgo prosseguiu:

– Não seria melhor ouvirmos da boca do nosso confrade Esteves a resposta quanto a essa pergunta?

– Hidalgo, por favor, espere só um momento; Noronha, por que Esteves não foi convidado? – inquiriu Adelino com serenidade.

– Imaginei que, por essa conduta, ele não merecesse fazer parte deste grupo.

– Não podemos instalar aqui um tribunal inquisitorial – afirmou Adelino.

E, contemplando a todos, continuou:

– Será que todos os presentes seguem à risca as orientações de Jesus e de Kardec? Não seria melhor que ao notarmos, em outras Instituições, práticas que nada tem a ver com o Espiritismo, procurássemos nos aproximar para, sutilmente, levar nosso esclarecimento? Sabemos, com certeza, que terapias alternativas não constituem práticas doutrinárias e adotá-las representa desvio e desatenção das verdadeiras atividades espíritas.

Nossa base doutrinária é a Codificação Espírita e nosso maior exemplo de humildade e persistência no bem é Jesus; portanto, é mister que não atiremos pedras em ninguém. Quando somos vilipendiados por alguns irmãos de outras crenças religiosas, revoltamo-nos, pois eles atacam sem conhecimento de causa. Não estaríamos fazendo o mesmo? Nosso Movimento precisa amparar e elucidar os que utilizam práticas estranhas à Doutrina. Muitas vezes, colocamo-nos como arautos da verdade e condenamos esforçados companheiros, que lutam por fazer a parte deles. Devemos nos empenhar para que a pureza doutrinária seja sempre mantida. Se nos intitulamos conhecedores das diretrizes doutrinárias que devem nortear os destinos de uma Casa Espírita, pergunto-lhes: não é lícito ajudar a quem está em outro patamar de entendimento? Criamos conceitos, emitimos juízos, como se fôssemos perfeitos. Discriminamos homossexuais, divorciados, umbandistas e outros tantos companheiros de caminhada, que devem responder à própria consciência sobre os erros que venham cometer. O papel de nosso Órgão de Unificação não deve ser o de intrometer-se em questões internas das Sociedades Espíritas, mas, sim, de oferecer respaldo aos necessitados de apoio para a divulgação e prática da Doutrina Espírita, em busca de um mundo melhor. Nossa proposta é unir e não discriminar. Devemos entender Kardec com Jesus; julgar, condenar, atirar pedras, nada disso é comportamento cristão. A oportunidade deve ser dada a todos, e, se algum companheiro em suas exposições for contra os postulados da Doutrina, devemos, de maneira cristã, orientá-lo.

O presidente, demonstrando calma, prosseguiu:

– Precisamos esquecer nossos julgamentos pessoais. Equivocamo-nos quando emitimos conceitos abalizados por nossa tosca visão de Espíritos em evolução. Para que possamos nos outorgar o título de espíritas cristãos, respeitemos os nossos semelhantes. Discriminação também é sinônimo de obsessão, pois o pior obsediado é aquele que sofre a obsessão da própria ignorância e da maledicência.

Noronha guardou a lista que continuaria colocando sob a apreciação dos presentes.

Adelino, olhando para os dirigentes, falou:

Quem Estiver sem Pecado

– Proponho que em nossa próxima reunião cada um de nós traga sugestões de nomes de companheiros que possam divulgar a Doutrina Espírita através de palestras. O que vocês pensam de minha proposta?

Todos concordaram.

– Muito bem. Qual o próximo assunto em pauta?

– Temos aqui o pedido de adesão de uma Casa recém-fundada – explicou o secretário.

– Qual o nome da Instituição, Noronha?

– Bem, presidente, é a Casa Espírita Obreiros do Bem, fundada pelo Nestor.

– Ele pede filiação?

– Sim, Adelino, ele pede filiação.

– E por que não o convidaram para participar da nossa reunião?

Novamente, o secretário sentiu-se constrangido.

– Todos os presentes conhecem o Nestor. Aliás, ele muito ajudou em uma de nossas Semanas Espíritas, não foi, Noronha?

Sem graça, o secretário concordou.

– E então, se todos o conhecem, por que ele não foi convidado?

Tomando coragem, Noronha explicou:

– Será que não devemos esperar que a Casa Espírita dirigida pelo Nestor se firme?

– Não estamos falando de uma empresa, Noronha, estamos falando de um educandário de almas. O Órgão de Unificação das Casas Espíritas deve apoiar as que estão nascendo.

Dando uma pausa, o dirigente prosseguiu:

– Não estamos falando de um estranho; todos vocês conhecem o Nestor e sabem quem é ele. Até bem poucos dias ele estava nos ajudando. Por que essa discriminação?

Ninguém falava nada, e Adelino, então, continuou:

– Se nos dizemos cristãos, devemos respeitar e auxiliar as Casas Espíritas nascentes. Colocarmo-nos como os arautos da verdade é muita pretensão da nossa parte. Dia virá em que teremos vergonha de ter nos comportado assim. Esta organização foi criada para unificar, não para segregar e julgar os outros. Alguém tem alguma observação a fazer?

– Eu tenho!

– Pode falar, Hidalgo!

– O Nestor sempre colaborou em nosso Movimento Espírita. Se não tivermos caridade e compreensão com aqueles que caminham conosco, com quem haveríamos de ter? Assumiremos o papel de sepulcros caiados por fora e cheios de podridão por dentro, como os fariseus da época de Jesus.

– Muito bem, Hidalgo! Alguém quer dizer mais alguma coisa?

Diante do silêncio, o dirigente afirmou:

– Sugiro que convidemos nosso irmão Nestor para participar da próxima reunião, onde poderemos orientá-lo e oferecer nossa ajuda para que ele consiga legalizar a Casa Espírita e realizar seu trabalho. Todos concordam?

Sem graça, o secretário aquiesceu, sendo seguido pelos demais dirigentes.

– Mais algum assunto em pauta, Noronha?

– Não, Adelino!

– A palavra está franqueada a todos – insistiu o presidente.

Nenhum dos participantes trouxe outro assunto para ser discutido.

– Vamos encerrar reunião. Peço ao nosso confrade Hidalgo para proferir a prece de encerramento.

Emocionado, Hidalgo orou:

– Senhor da Vida, perdoa a nossa situação. Traçamos para nós mesmos caminhos tortuosos, devido à cegueira que nos caracteriza a condição evolutiva. Não logramos, Jesus, a compreensão de que o único caminho para nossa evolução é por meio do nosso próximo. Ele é a estrada que nos conduzirá aos páramos celestiais. Conviver em paz com o nosso semelhante, Senhor, é o zênite de nossas mais desejadas conquistas. Quando enunciaste, há mais de dois mil anos, que deveríamos Te amar como a nós mesmos, nos mostravas o caminho, a porta estreita para a ascensão segura ao Pai. Jesus, amigo, ajuda-nos a compreender que amar o nosso próximo é receber amor. Na prática do amor ao semelhante, Senhor, está a conquista da verdadeira paz. Possamos entender, ao final de mais esta reunião, que nossa meta deve ser vivenciar os princípios que professamos. Assim seja!

6
A Reunião de Desobsessão

Fiz-me como fraco para os fracos,
para ganhar os fracos.
Fiz-me tudo para todos, para por
todos os meios chegar a salvar alguns.

Paulo (I Coríntios, 9:22.)

Quando quiserdes receber comunicações de bons Espíritos, importa vos prepareis para esse favor pelo recolhimento, por intenções puras e pelo desejo de fazer o bem, tendo em vista o progresso geral. Porque, lembrai-vos de que o egoísmo é causa de retardamento a todo progresso.(...) Pascal. (*O Livro dos Médiuns*, Allan Kardec, 2ª parte, cap. XXXI, item XIII, 69. ed., FEB.)

A reunião de desobsessão iria começar. Os trabalhadores espirituais se esforçavam por manter a harmonia no ambiente.

O dirigente encarnado, acreditando realizar a tarefa corretamente, dava as boas-vindas aos que chegavam. Com a presença de dezoito médiuns[1], certamente, seria impossível conseguir a harmonia e afinidade entre os presentes.

Alguns médiuns, escolhidos pelo dirigente da reunião, não participavam de nenhum grupo de estudo; incipientes no conhecimento espírita, compareciam apenas por causa do mediunismo.

Alencar, por várias vezes, fora aconselhado a reduzir o número de participantes, pois as reuniões nunca obtinham resultados positivos. Amigos espirituais o intuíam, mas o orgulho o cegava.

Por meio de alguns trabalhadores encarnados preocupados com o que ocorria, os

[1] Nota do médium: ver em *Desobsessão*, Francisco Cândido Xavier e Waldo Vieira, Espírito André Luiz, cap. 20, 19. ed., FEB.

A Reunião de Desobsessão

conselhos espocavam aqui e acolá, mas Alencar, com ironia, asseverava:

– Eu sou o dirigente do grupo; sei, portanto, o que é melhor para todos!

Infelizmente, nosso irmão orientador desejava atrair a atenção sobre si. Se algum necessitado adentrasse a Casa Espírita em busca de auxílio, denotando mediunidade ostensiva, mesmo mediante desequilíbrio psíquico, o dirigente invigilante não se fazia de rogado: convocava a pessoa a participar da reunião de desobsessão.

Dessa maneira, muitos irmãos, mesmo com a mediunidade deseducada, foram encaminhados à citada reunião e tiveram processos patológicos e obsessivos agravados.

É deveras preocupante que isso ocorra em algumas Instituições Espíritas. Quanta falta faz o estudo sério das obras codificadas por Allan Kardec!

Naquela noite, em especial, compareceram, além dos dezoito médiuns, quatro pessoas as quais o imprudente orientador convidara, pessoas essas que nunca haviam participado de nenhuma reunião espírita, não tendo, portanto, o menor conhecimento do que iria ocorrer.

Com um largo sorriso e grande magnetismo, Alencar acercou-se dos recém-chegados, dizendo:

– Sejam bem-vindos!

As pessoas, respeitosamente, cumprimentaram o dirigente.

– Boa noite, seu Alencar! Trouxemos a Rita conosco – falou uma delas.

Rita se encontrava enferma. Estava acompanhada de seus familiares: pai, mãe e esposo. A jovem senhora deixava transparecer, em seu semblante, o abatimento. Prostrada, ela mal conseguia falar.

O dirigente pediu a Rita que se sentasse à mesa com os outros médiuns. A família aquiesceu, pois não sabia o que iria ocorrer. Frágil, ela atendeu o pedido de Alencar.

A mãe da enferma via ali as suas esperanças para conseguir o restabelecimento da filha querida. Há muito tempo buscavam ajuda, mas ninguém conseguia explicar o que estava acontecendo. Profissionais da Medicina foram procurados, exames médicos já tinham sido realizados, e o resultado era sempre o mesmo: negativo. A paciente alternava o comportamento entre a calma e a raiva. Com o sono comprometido, raramente lograva o descanso físico necessário. Por vezes, era acometida de cólera inexplicável a minar-lhe a força psíquica. Vivia, nos últimos meses, à custa de barbitúricos, que lhe proporcionavam efêmero bem-estar.

Devido à psicosfera beligerante entre alguns médiuns partícipes da reunião, entidades desajustadas adentravam o ambiente, envolvendo negativamente alguns trabalhadores encarnados.

Alencar, sentindo-se o personagem principal da tarefa, incitava em todos os médiuns, de maneira irresponsável, a vaidade, tecendo elogios, enredando as mentes deseducadas. E, prestativo, providenciava cadeiras, para que a família de Rita pudesse permanecer na mesma sala.

Espíritos amorosos também tomavam providências. Como bombeiros do plano físico, tentavam minimizar as conseqüências de um provável incêndio, que seria causado pela ignorância.

Capítulo 6

Estranhamente, todos os médiuns permaneciam em pé, ao redor da mesa. Faltando alguns minutos para o início das tarefas, eles aguardavam que o orientador lhes indicasse os lugares exatos, o que foi feito, quando este começou a apontar, com a fisionomia alterada, o lugar onde cada um deveria se sentar. Médiuns que não estudavam permaneciam submetidos ao disparate que a ignorância lhes impunha.

Um por um, todos foram se acomodando.

Faltavam médiuns na extremidade da mesa. Alencar como estrela principal, determinou:

– Lindolfo, Argemira, vocês darão sustentação à reunião, por serem os médiuns "mais fortes". Sentem-se às extremidades da mesa.

Ninguém contestava as colocações de Alencar. Com um sorriso nos lábios, ele passou por detrás de cada médium, como um general revistando as tropas. E, assentindo com o que ele mesmo havia determinado, obtemperou:

– Façamos a nossa prece, depois, a Argemira fará a leitura de *O Evangelho segundo o Espiritismo*.

Enquanto a prece era proferida, Espíritos socorristas tentavam retirar do ambiente as entidades perturbadas, que desejavam promover a balbúrdia. Infrutíferos eram os esforços, pois alguns médiuns atraíam esses Espíritos pelas vibrações que emitiam. Certamente, desconheciam o verdadeiro objetivo de uma reunião de desobsessão.

Após a prece e a leitura de *O Evangelho segundo o Espiritismo*, diminuíram a intensidade da iluminação do ambiente e as manifestações começaram.

Alencar pediu aos médiuns que se concentrassem, e, em breves minutos, Espíritos desajustados se manifestaram.

Nicanor, médium psicofônico, que nunca se interessava pelo estudo, sentiu-se envolvido e traduziu o pensamento do suposto dirigente espiritual da reunião:

– Meus irmãos, graças a Deus! Quero agradecer pela oportunidade.

Alencar, atento, deu as boas-vindas ao mentor da tarefa:

– Seja bem-vindo, meu irmão! Obrigado pela sua presença!

O Espírito comunicante prosseguiu:

– Quero dizer-lhes que, graças à bondade do nosso dirigente encarnado, estamos aqui reunidos. Alencar vem se destacando pela dedicação na Seara Espírita. Sem dúvida nenhuma, é um perfeito seguidor do Cristo.

A entidade, de maneira inteligente, insuflava, no orientador, a vaidade e o orgulho:

– Se todos tivessem a mesma determinação deste companheiro, muitas pessoas receberiam ajuda.

Por mais de dez minutos, o suposto mentor elogiou Alencar. Embevecido, ele fez sentida prece, agradecendo o amparo que recebia.

Após essa comunicação, alguns Espíritos sofredores se manifestaram. Médiuns desequilibrados batiam na mesa. Várias comunicações aconteciam ao mesmo tempo. Alencar desdobrava-se, procurando auxiliar. Ninguém entendia nada. Médiuns invigilantes pensavam em seus compromissos particulares, que deveriam cumprir após a reunião. Um outro participante atentava na comunicação de outros médiuns. Alguns se preocupavam em contar quantas comunicações cada médium transmitia. Arlindo, médium com tendências ao sexo desregrado, recebia, em sua tela mental, imagens provocantes de entidades que o acompanhavam nos prazeres inconfessáveis.

Rita, assustada com tudo o que via, começava a entrar em pânico. Seus familiares, que a tudo assistiam, entreolhavam-se preocupados. Em dado momento, um grito ecoou; todos se assustaram, inclusive Alencar. Uma das médiuns, que só comparecia à Casa Espírita para as reuniões de desobsessão, ficou totalmente transtornada e, dando azo a um Espírito das trevas, bradava:

– Rita, sua malvada, você me paga! Fechou-me a porta por três vezes para que eu não voltasse à vida física. Vou persegui-la pela eternidade! Serei seu algoz em todos os momentos de sua existência! Assassina, você vai me pagar.

Amedrontada, a enferma levantou-se, derrubando a cadeira. Seu esposo, dela se aproximou, tentando ampará-la. A balbúrdia se generalizou. Alencar não sabia mais o que fazer.

Rita desmaiou. As luzes foram acesas. Alencar, preocupado, acercava-se da família, assegurando-lhes que o Espírito obsessor tinha sido aprisionado, e a enferma se recuperaria.

Amigos espirituais tentaram auxiliar de todas as formas, mas não encontraram quem pudesse lhes oferecer campo psíquico apropriado.

Finalmente, a reunião foi encerrada, com Rita sendo conduzida a um pronto-socorro. A família da assistida prometeu processar Alencar, caso a paciente não se recuperasse.

Os dias se passaram. Eis que chegou a lamentável notícia: tomada de grande desequilíbrio, Rita ingeriu muitos barbitúricos, vindo a ficar em estado de coma e necessitando de tratamento de longo curso.

A Casa Espírita dirigida por Alencar encerrou as atividades por pressão da família de Rita, que ameaçava o dirigente com processo judicial.

Em cidade de psicosfera densa, no plano espiritual, algumas entidades reunidas comemoravam:

– É mais uma Casa Espírita que dominamos, denegrindo, a imagem já equivocada que as pessoas têm do Espiritismo.

A gargalhada foi geral. Outro Espírito de aspecto sombrio convidava os camaradas ao brinde:

— Festejemos, comparsas! A ignorância, mais uma vez, venceu! Enquanto houver dirigentes pseudo-sábios não nos faltará campo de ação.

Meses depois, Alencar batia à porta de Lindolfo, sorrindo:

— Meu irmão, venho convidá-lo para que continuemos nossa missão. Médiuns capacitados como você são poucos. Meu mentor me avisou que, se o Cristo foi perseguido, por que seria diferente comigo? Já arrumei outro local, onde poderemos reiniciar nossas atividades. Desta vez, trabalharemos apenas com mensagens de parentes desencarnados, está bem?

— Claro, Alencar! Médiuns como nós dois não se encontra em cada esquina, não é?

Na espreita, alguns Espíritos ignorantes gracejavam:

— Nós já vimos esse filme antes!

7
A Ponte dos Espíritos

Irmãos, não sejais meninos no entendimento, mas sede meninos na malícia, e adultos no entendimento.

Paulo (I Coríntios, 14:20.)

Falar-vos-ei hoje do desinteresse, que deve ser uma das qualidades essenciais dos médiuns, tanto quanto a modéstia e o devotamento.

Deus lhes outorgou a faculdade mediúnica, para que auxiliem a propagação da verdade e não para que trafiquem com ela. E, falando de tráfico, não me refiro apenas aos que entendessem de explorá-la, como o fariam com um dom qualquer da inteligência, aos que se fizessem médiuns, como outros se fazem dançarinos ou cantores, mas também a todos os que pretendessem dela servir-se com o fito em interesses quaisquer.(...) Delfina de Girardin. (*O Livro dos Médiuns*, Allan Kardec, 2ª parte, cap. XXXI, item XIV, 69. ed., FEB.)

– Não se preocupe – afirmava a dirigente encarnada. – Compareça à nossa reunião na próxima sexta-feira e tudo será resolvido.

– Desculpe-me a ignorância, pois não tenho conhecimento do Espiritismo.

– Ora, ora, fique tranqüilo, Valdívio! Se Deus permitir, os bons Espíritos nos auxiliarão.

– Obrigado, Dona Brígida!

– Vá em paz! E não se esqueça: esteja aqui às oito da noite!

– Obrigado!

Acompanhando o diálogo, algumas entidades riam-se da dirigente espírita, e uma delas afirmava:

– A Brígida é nossa maior aliada, Amadeu!

– Sim, sim! – gargalhava Efigênio, outro Espírito inimigo da luz. – Vamos pedir aos camaradas que estão obsediando o Valdívio para darem um tempo. Assim, experimentará uma falsa melhora e deixará de vez a outra Casa Espírita, onde ele está sendo incentivado ao estudo.

– É verdade. Ele quer melhora imediata, e nós vamos lhe dar.

– Varela? – indagou aquele que parecia ser o chefe da turba de malfeitores.

– Sim, Efigênio!

– Você já lavrou a ficha do Valdívio?

– Aqui está! – respondeu, prestamente, o ajudante das sombras.

– Vejamos... – Efigênio analisava uma ficha que Varela lhe entregara.

Após alguns breves segundos, leu, enumerando:

– Nosso amigo Valdívio é perseguido por alguns auxiliares do Barbosa. Não será difícil pedir ao nosso camarada de ideal que dê uma trégua, para, depois, voltar à carga.

– Abaixo o Espiritismo! – bradou um Espírito de aspecto deprimente, aproximando-se do grupo comandado por Efigênio.

– Salve, Barbosa! Abaixo o Espiritismo! Que bom vê-lo! Falávamos de você. Estamos precisando dos seus préstimos. Tenho, em mãos, a ficha de uma de suas presas.

– Qual delas? – pergunta o inimigo da verdade.

– O Valdívio!

– Ah, sim, aquele miserável!

– O sujeito não é fácil. Veja se confere: sua principal fraqueza é o sexo. Tem ido a várias Casas Espíritas. Na última que estava freqüentando, quase conseguiu ser despertado pelos fariseus espíritas.

– É verdade. Nossa sorte é que o moço não gosta de pensar. Ele, como a maioria, quer mudar o mundo, mas não quer modificar-se – afirmava Barbosa. – Estamos utilizando todas as nossas armas para afastá-lo de outra Casa Espírita. Temo não conseguir.

– O que é isso, Barbosa?! Estou estranhando essa sua insegurança! – obtemperava Efigênio, com ironia. – Logo você, um dos mais experimentados hipnotizadores da nossa falange?! Eu tenho a solução para que possamos enredar, de vez, o Valdívio.

– Como? – redargüiu Barbosa, interessado.

– É simples. Basta deixá-lo em paz, por um período.

– Você está louco!? – vociferou o verdugo, endurecido.

– Calma, calma!... Se você deseja dominálo de vez, faça isso. Deixe que ele experimente certo alívio. É preciso que ele ganhe confiança nessa Casa Espírita, onde se valoriza mais o fenômeno do que o estudo doutrinário.

– Não havia pensado nisso! – Barbosa coçava a cabeça, surpreso. – Continue, estou gostando!...

– Muito bem! Aqui, o pessoal não quer estudar. Tudo que a dirigente faz é aceito como verdade. A Brígida é muito vaidosa. Se existe um lugar onde Kardec não entra, é aqui! Peça aos seus parceiros que se afastem de Valdívio, enquanto durar o dito tratamento que a dirigente vai ministrar. Deixem-no em paz, durante o sono físico. À medida que acredita em sua melhora, vai se esquecendo da outra Casa que pede a ele que estude. Quando ele estiver se vinculando a esta, nós lhe despertaremos a atração física por uma mulher, e tudo volta a ser como antes. Vou lhe entregar o Valdívio numa bandeja.

– Mas, a dirigente encarnada não tem assistência da Espiritualidade Superior?

– Ela não quer saber de outra assistência que não seja a do elogio. Há algum tempo, nós perdemos a força sobre ela. Muitos Espíritos de luz infiltraram-se nesta Casa, e nós fomos afastados. Ficamos de longe, observando a Brígida, esperando nova brecha para envolvê-la. Um médium da Casa começou a sobressair-se, pois o infeliz era detentor de alguns conhecimentos. Tentou implantar estudos sistematizados da Doutrina Espírita. Então, atacamos a sua família sem tréguas. Um dos filhos do médium deixou-se envolver pelas drogas. Os representantes do Nazareno tentaram de tudo para livrá-lo das nossas garras, mas conseguimos induzir o rapaz ao suicídio, alimentando suas fraquezas. Isso foi demais para o médium. Em breve tempo, ele se mudou da cidade, pois o suicida contraiu pesada dívida, e os traficantes batiam à porta do genitor para a cobrança inadiável.

Em pouco tempo, não nos foi difícil encontrar a casa mental de Brígida ornamentada, para que enovelássemos outra vez o seu psiquismo. Você sabe, Barbosa, os seguidores do Carpinteiro procuram auxiliar, mas, se a pessoa não quer ajuda, eles deixam que ela aprenda com sua teimosia. Tudo nos favorece. A

Brígida utiliza técnicas de desobsessão que nos faz rir. Imagine você que se apresentam aqui, rivais de muitos séculos, os quais ela acredita doutrinar em dez minutos de simples conversa! É muito ingênua, para não dizer outra coisa...

– Você me convenceu!

– Depois de amanhã, acontece a tal reunião de desobsessão. Entre na fila dos Espíritos necessitados de atendimento. Você vai poder acompanhar de perto o desserviço que esses seguidores da ignorância prestam à famigerada doutrina dos espíritos. Eles são tão despreparados, que permitem a presença do assistido. Valdívio irá participar, sentando-se à mesa de reunião. Se você tiver a oportunidade de se manifestar por meio de algum médium, não se traia, agüente firme, que, logo, logo, ele será todinho seu. Alguns espíritas encarnados acreditam que não existam espíritas sem estudo do lado de cá. Se eles mesmos afirmam que os afins se atraem, por que teríamos Espíritos de alto conhecimento auxiliando médiuns que não se esforçam para aprender? É muita ingenuidade, não é? A equipe espiritual que assiste esta Casa é composta de entidades de boa vontade, e sabemos de sobejo que apenas boa vontade não basta.

– Seus argumentos são irrefutáveis! Assim o faremos! – anuiu o perseguidor satisfeito.

Barbosa pediu a seus asseclas que vigiassem Valdívio por um tempo, sem influenciar-lhe o psiquismo.

◇◇◇◇◇◇◇◇

Chegando a sua casa, Valdívio começou a se lembrar das orientações recebidas na Instituição que freqüentara, e pensava: "Às vezes, sinto saudade daquela Casa Espírita, mas estudar é um aborrecimento. Eles só falam que devemos nos esforçar, ler *O Evangelho segundo o Espiritismo*, tomar passes. O tratamento é muito lento. Não tenho paciência para isso. Falei há pouco com a Dona Brígida e já me sinto melhor. Aquela, sim, é médium de verdade! Não faltarei de jeito nenhum à reunião de desobsessão. Naquela outra Casa, eles nem nos deixavam participar, somente os ditos médiuns preparados. Para mim, isso é preconceito".

Com o desejo de receber a melhora, mas não querendo melhorar-se, Valdívio abria campo fértil para as entidades das trevas.

Os camaradas de Barbosa riam-se à espreita.

Noite de reunião...

Na fila de Espíritos que pediam auxílio, Barbosa dissimulava para presenciar a reunião. Chegara o momento. A equipe encarnada era composta de vinte e dois médiuns. Todos ficavam em pé, até o início da seção. Brígida ia passando por eles, indicando-lhes o lugar onde deveriam sentar. E, dando provas de sua falta de conhecimento, afirmava:

– Vanusa, você deve sentar-se à cabeceira da mesa, pois hoje sua vibração vai servir para segurar a reunião.

Efigênio, que se fazia passar por trabalhador da Instituição há muitos anos, não se conteve e deu uma gargalhada ante a iniciativa da dirigente.

– Sente-se aqui, Valdívio!

– Sim, senhora, Dona Brígida!

Depois que todos estavam com suas posições indicadas, a orientadora proferiu uma prece e iniciou a reunião. A luminosidade foi diminuída, e Valdívio arregalou os olhos. Em breves momentos, um Espírito manifestou-se e, devido ao despreparo do médium, bateu com força na mesa. O comunicante desajustado proferiu alguns impropérios e, ameaçando a todos, despediu-se depois de cinco minutos de conversa. Foi embora, agradecendo a Deus pela oportunidade e louvando a Jesus, dizendo-se criatura renovada.

Valdívio sentia seu coração disparado e não conseguia se mexer.

De repente, Brígida observou que outra médium estava sendo envolvida por uma entidade. Então, ficou entre as duas médiuns, colocando suas mãos sobre as mãos das mesmas. Acreditando poder transportar o Espírito comunicante de uma para outra, ela afirmava:

– Vamos, meu irmão! Esta outra médium está mais preparada para incorporá-lo!

Não resistindo à tamanha ignorância, Efigênio pensava: "Ela não sabe que o fenômeno acontece nas bases da mente e de perispírito para perispírito. Eis a dirigente que serve

A Ponte dos Espíritos

de ponte para os obsessores passarem! Eu nunca tinha visto isso!"

A entidade das trevas riu da ausência de conhecimentos que Brígida demonstrou sobre a Doutrina, ao insistir em ficar segurando as mãos das médiuns.

O pior ainda estava por vir. Aceitando a sugestão da dirigente, uma das médiuns iniciou uma comunicação ditada por Espírito zombeteiro, como se este realmente tivesse passado por Brígida e houvesse incorporado nela.

Ao final da reunião, Valdívio respirou aliviado. Sem graça, ele agradeceu à dirigente pelo tratamento.

Assustado, no dia imediato, procurou a outra Casa Espírita e, para surpresa geral, decidiu matricular-se no Estudo Sistematizado do Espiritismo, dizendo:

– Não quero ser vítima da ignorância alheia, basta a minha!

Efigênio e Barbosa desentenderam-se, pois "o feitiço virou contra o feiticeiro", como afirma o brocardo popular.

À medida que Valdívio se educava, ia se liberando da influência das entidades maléficas, promovendo, conseqüentemente, sua lenta, mas verdadeira reforma íntima.

Brígida, ainda hoje, se comporta como ponte para os Espíritos passarem. Todo médium a ela vinculado, que não estuda seriamente, mantém-se na ignorância das verdades codificadas por Kardec e alvo do escárnio de entidades desajustadas.

8
Isolamento Equivocado

Não erreis: Deus não se deixa escarnecer;
porque tudo o que o homem semear,
isso também ceifará.

Paulo (II Coríntios, 6:7.)

Repeli impiedosamente todos esses Espíritos que reclamam o exclusivismo de seus conselhos, pregando a divisão e o insulamento. São quase sempre Espíritos vaidosos e medíocres, que procuram impor-se a homens fracos e crédulos, prodigalizando-lhes louvores exagerados, a fim de os fascinar e ter sob seu domínio.(...) Erasto (discípulo de São Paulo). (O *Livro dos Médiuns*, Allan Kardec, 2ª parte, cap. XXXI, item XXVII, 69. ed., FEB.)

– Não sei para que servem esses Órgãos de Unificação. Estão sempre querendo se intrometer em nossas atividades.

Tal afirmação partia do diretor-presidente de um Centro Espírita.

– Mas, Viana, acredito que você está enganado quanto ao papel de nosso Órgão de Unificação. A proposta de nossa agremiação não é fazer ingerências em seu grupo. Nosso desejo é unir os espíritas em torno de um ideal comum, que é divulgar os postulados codificados por Allan Kardec.

– Meus orientadores espirituais me dizem que devemos nos manter à margem. Nossa Instituição sempre trabalhou sozinha e não precisa se juntar a ninguém.

Compreensivo, Adolfo tentava esclarecer:

– Imagine o quanto sua Instituição não poderia colaborar com outras menores. As atividades desenvolvidas poderiam servir de modelo para outros confrades que desejassem trabalhar como vocês. Quantas tarefas seu grupo realiza?

Demonstrando arrogância, Viana enfatizava:

– Nossa Casa é, realmente, um modelo. Atendemos a mais de cem famílias com gêneros de primeira necessidade. Nossa evangelização infantil tem matriculadas, aproximadamente, duzentas e cinqüenta crianças. Temos oito grupos mediúnicos e duzentas e vinte pessoas freqüentando nossos cursos. Nosso bazar funciona todos os dias e arrecada recursos importantes para manter as obras.

– E então, Viana, o Centro que você dirige certamente nos traria informações preciosas. Junte-se a nós, pois quem ganha é o Espiritismo.

– Não vejo necessidade. Sempre trabalhamos sozinhos e pretendemos continuar assim. Só porque você foi eleito presidente desse Órgão de Unificação, acha que vai conseguir unir as Casas Espíritas? Eu conheço o Movimento Espírita: a Doutrina se propaga por divisão. Essa é a verdade.

–Mas nós podemos mudar esse quadro. Respeitando a individualidade de cada Centro Espírita, poderemos unir o nosso Movimento. Sempre temos o que aprender uns com os outros.

– Não acredito.

– Por que não tentar, Viana?

– Já lhe disse que conheço o Movimento Espírita.

Procurando argumentos, Adolfo aduzia:

– Enfrentamos problemas, é verdade, mas, unidos, podemos superá-los. No Cristianismo nascente, os apóstolos também encontraram dificuldades para a união desejada. Todos temos que ceder para que a Casa Espírita alcance seus objetivos.

– Sinto muito! Nossa Casa deve servir de modelo. Não temos nada a aprender com as outras.

– De qualquer forma – insistia Adolfo, com carinho – enviar-lhe-emos um convite para nossa próxima reunião.

Viana deu de ombros, despedindo-se.

Recém-empossado como presidente do Órgão de Unificação das Casas Espíritas daquela cidade, Adolfo resolveu partir para a visitação a vários Centros. Gradativamente, ele conseguia trazer mais Instituições para o seio do Movimento Espírita.

Alguns meses depois, de um total de vinte e cinco Centros filiados, dezessete compareciam às reuniões mensais. Com isso, as idéias espíritas ganharam força naquela localidade. Adolfo, por meio de seu exemplo no trabalho e de seu verbo conciliador, angariava simpatia em todas as Instituições. Foram criados grupos de apoio para as Casas nascentes. Equipes de auxílio atuavam na implementação de cursos sistematizados para as que se interessassem. Feiras do livro espírita eram realizadas. Seminários e palestras com eminentes oradores aconteciam bimestralmente, para alegria dos seguidores da Doutrina. Centros Espíritas eram fundados e recebiam total apoio do Órgão presidido por Adolfo.

Em uma reunião mediúnica dirigida por Viana, uma entidade se comunicava:

– Irmãos queridos, esta Casa é o verdadeiro exemplo de caridade. Aqui são realizados trabalhos relevantes em prol da humanidade.

– Viana ouvia tudo respeitosamente e, com o fito de colher orientações, perguntou àquela entidade, que se dizia mentor de todos os trabalhos do Centro:

– Caro irmão, estou sofrendo assédio do dirigente que congrega quase todas as Instituições Espíritas de nossa cidade. Ele nos convida para que participemos do Movimento de Unificação. O senhor não acha que estamos trabalhando bem?

Após alguns segundos, o dito mentor respondeu:

– Perda de tempo! Tudo isso é uma simples perda de tempo! Eles querem ter ingerência em nossa Casa. É melhor não permitir essas infiltrações. Por que alterar o que está dando certo?

– É assim que penso, mentor amigo! – afirmou Viana, com alegria.

– Não percamos tempo com essas ilusões. Se nos unirmos a outros Centros, sofreremos influência de idéias equivocadas. Esta Casa é vítima de inveja e perseguição. Mantenhamo-nos isolados. – reafirmava a entidade comunicante.

Viana aceitava aquelas observações sem analisar. Após a reunião, outros trabalhadores tentaram alertá-lo do engano que cometia.

Os anos foram passando e os trabalhos mediúnicos realizados pelo Centro dirigido por Viana sofriam infiltração sutil das trevas. A

Casa foi se isolando cada vez mais e perdendo a identidade espírita. Tornou-se um grande pólo de assistência material. A mensagem espírita foi deixada de lado, e o papel de escola de almas, que um Centro Espírita deve cumprir, foi esquecido.

<hr />

O Movimento de Unificação Espírita sugere, orienta, divulga experiências e corrobora ações edificantes, mas jamais interfere na autonomia e liberdade das Casas Espíritas. Sua finalidade é unir as Sociedades Espíritas, fortalecendo-as, para a realização de atividades que, por sua natureza, são mais facilmente planejadas e postas em ação com os Centros Espíritas unidos, como por exemplo: semanas de confraternização, cursos, feira do livro espírita, seminários, encontros de reciclagem, simpósios e outras iniciativas que surjam para promover o progresso de todos.

9
Nome Bonito

*Ainda que eu falasse as línguas
dos homens e dos anjos,
e não tivesse caridade, seria como o metal
que soa ou como o sino que tine.*

Paulo (I Coríntios, 13:1.)

Deus me encarregou de desempenhar uma missão junto dos crentes a quem Ele favorece com o mediunato. Quanto mais graça recebem eles do Altíssimo, mais perigos correm e tanto maiores são esses perigos, quando se originam dos favores mesmos que Deus lhes concede.
As faculdades de que gozam os médiuns lhes granjeiam os elogios dos homens. As felicitações, as adulações, eis, para eles, o escolho. Rápido esquecem a anterior incapacidade que lhes devia

estar sempre presente à lembrança.(...) Joana d´Arc. (*O Livro dos Médiuns*, Allan Kardec, 2ª parte, cap. XXXI, item XII, 69. ed., FEB.)

A reunião de educação da mediunidade chegava ao final. Após a prece de encerramento, o dirigente encarnado perguntava aos participantes:

– Gostaria de ouvir de todos as impressões que tiveram, o que sentiram...

Evidentemente, as primeiras reuniões de sensibilização sempre trazem muitas dúvidas para os iniciantes: uns sentem dormência nas mãos, outros, um aquecimento em algumas partes do corpo. Outros mais experimentam formigamento também nas mãos. Tudo é motivo de curiosidade, pois o processo inicial de educação da mediunidade é fascinante. O principiante tem curiosidade de saber qual o tipo de mediunidade de que é portador. Sonha em cumprir uma missão. Tudo isso é muito natural.

O grupo de neófitos da referida reunião era composto de dez participantes. Naquela noite especial, devido à harmonia psíquica do ambiente, os Espíritos amigos puderam envolver os médiuns com muita facilidade. Dessa forma, todos os participantes foram narrando as suas percepções com alegria e entusiasmo.

Ficara para o final, a médium Maria Cecília. O dirigente, então, lhe perguntou:

– E você, Maria Cecília, como se sentiu esta noite?

Comovida, ela começa a falar:

– Estou muito feliz, pois meu mentor se apresentou e me disse o nome.

– Que interessante! Disse o nome?! E qual é o nome dele? – o dirigente questionou com o fito de esclarecê-la.

– Primeiro, gostaria de dizer que estou muito emocionada, porque não me sinto merecedora dessa atenção por parte dos Espíritos. Ele se aproximou e me envolveu com muito carinho. Senti uma paz que jamais experimentei. Deixei-me envolver por aquelas vibrações amorosas. Chorei e até pude vê-lo. Ele me disse que se chamava Antônio da Silva Albuquerque. O senhor já ouviu falar nesse Espírito?

– Bem, o nome é bonito, mas precisamos de mais tempo para conhecer o propósito desse irmão. Para os Espíritos preocupados com o bem, o nome é o que menos importa. Eu nunca ouvi falar nesse companheiro – respondeu o dirigente encarnado. – Não podemos nos esquecer de que devemos analisar tudo o que os Espíritos nos dizem. Esta é a orientação de Allan Kardec.

Demonstrando humildade, Maria Cecília agradeceu, entre lágrimas, o esclarecimento recebido.

Um mês depois, no final da reunião...

– E, então, Maria Cecília, você está bem?

– Estou bem, sim! O Antônio da Silva Albuquerque esteve presente e me deu alguns conselhos para serem usados em minha vida particular. Imagine o senhor que eu estava tendo um problema com o meu filho, e ele já me esclareceu a respeito. Quando eu chegar a minha casa, vou seguir as orientações.

– Maria Cecília, não se esqueça de que devemos analisar tudo o que é dito pelos Espíritos. Devemos ser prudentes: esta é a recomendação de Allan Kardec.

– O senhor já descobriu quem foi Antônio da Silva Albuquerque?

Nome Bonito

– Não, ainda não, mas estou pesquisando.

– Após as despedidas, o orientador chamou a médium em particular.

– Maria Cecília, é importante que você estude *O Livro dos Médiuns*, mais precisamente, o capítulo "Identidade dos Espíritos".

– Por quê?

– Nós precisamos ler e estudar Kardec. Só assim, teremos segurança em nossas práticas. Mesmo que tenhamos participado do Curso Básico de Espiritismo, é importante um estudo contínuo das obras da Codificação. Em nosso caso, devemos nos empenhar em estudar *O Livro dos Médiuns*.

A médium inexperiente acreditava que os conhecimentos de que era portadora já eram suficientes para lidar com a mediunidade.

Dois meses depois...

Findos todos os comentários da noite, novamente, Maria Cecília era o centro das atenções.

– Hoje recebi minha primeira psicografia!

Observando a médium com preocupação, o dirigente perguntou:

– Você não gostaria de ler a mensagem?

– Não posso; ela é para a Sílvia.

Sílvia era outra médium participante do grupo.

– Como assim?! E quem ditou essa mensagem? – indagou o dirigente, ainda mais preocupado.

– Foi meu mentor, o Antônio da Silva Albuquerque.

Apreensivo, o dirigente argumentou ainda:

– Não podemos aceitar todas as comunicações que nos são ditadas, sem uma análise criteriosa. Espíritos que se preocupam em transmitir mensagens de cunho pessoal precisam ser observados com reserva.

Sílvia pegou a mensagem e sentiu-se impressionada com o conteúdo.

Os avisos dados pelo orientador eram ignorados. Dessa forma, alguns Espíritos inferiores começavam a ter ascendência sobre Maria Cecília, que, por sua vez, tinha ascendência sobre Sílvia. Sutilmente, o grupo estava sendo atacado pelas trevas.

Embora os avisos do dirigente fossem constantes, Maria Cecília preferia ignorá-los.

Nome Bonito

Dois meses depois...

– Hoje eu recebi um poema...

E ela lia um poema desprovido de conteúdo edificante e com linguagem empolada. Seus olhos brilhavam. Com pouco mais de dois anos na Doutrina Espírita, Maria Cecília acreditava-se médium preparada.

Três meses depois...

– Recebi outra mensagem. Desta vez é para o nosso dirigente – afirmava Maria Cecília.

Em particular, o orientador aconselhou-a a se afastar das atividades mediúnicas. Ela começou, então, a falar mal dele para os outros médiuns.

Quatro meses depois...

Maria Cecília sentia-se incompreendida e afastava-se da Casa Espírita, afirmando que o dirigente era um obsediado.

10
Médium com
o Próximo

*Então, enquanto temos tempo,
façamos bem a todos, mas,
principalmente aos domésticos da fé.*

Paulo (Gálatas, 6:10.)

A união faz a força. Sede unidos, para serdes fortes.

O Espiritismo germinou, deitou raízes profundas. Vai estender por sobre a Terra sua ramagem benfazeja. É preciso vos torneis invulneráveis aos dardos envenenados da calúnia e da negra falange dos Espíritos ignorantes, egoístas e hipócritas. Para chegardes a isso, mister se faz que uma indulgência e uma tolerância recíprocas presidam as vossas relações; que os vossos defeitos passem despercebidos; que somente as vossas qualidades sejam notórias; que o facho da amizade santa vos funda, ilumine e aqueça os corações. Assim resistireis aos ataques impotentes do mal, como o rochedo inabalável à vaga furiosa. São Vicente de Paulo.(*O Livro dos Médiuns*, Allan Kardec, 2ª parte, cap. XXXI, item XX, 69. ed., FEB.)

– O que posso fazer para transmitir mensagens de Espíritos de luz? – indagava Leocádio, um dos médiuns participantes do grupo.

A pergunta era endereçada a Vinícius, o Espírito orientador da reunião prática. Influenciando a médium Irina, ele respondeu:

– O caro irmão não deve alimentar tais preocupações. É comum esse desejo entre aqueles que adentram as hostes da Doutrina Espírita como médiuns. Todavia, o Codificador Allan Kardec nos exorta à prática do amor e ao estudo.

Interrompendo o instrutor espiritual, Leocádio perguntou:

– Mas o Espiritismo também afirma que todos somos iguais. Por que uns recebem comunicações elevadas e outros não?

Com acendrado carinho na voz, Vinícius afirmou:

– Realmente, o Espiritismo reafirma a mensagem de Jesus de que somos todos irmãos. Não obstante, precisamos compreender que, embora sejamos irmãos, nossos esforços individuais a caminho da luz acabam por nos colocar em situações diferentes. O que desejo lhe dizer é que todos são amparados pela Misericórdia Divina, mas nem todos se esforçam para merecer esse amparo. A cada um segundo as suas obras! Se algum médium for intérprete de instruções elevadas, não pode esquecer que as orientações devem servir primeiramente para ele. Os intermediários que possuem tal responsabilidade, certamente, são Espíritos encarnados falidos em experiências passadas. Hoje, encontram-se resgatando as faltas perpetradas em passado delituoso.

Leocádio ouvia as orientações, mas não aceitava. Intimamente, punha-se a pensar: "Eu quero e vou receber comunicações de Espíritos de luz. Por que só a Irina receberia essas mensagens?".

Finda a reunião, Ismael, o dirigente encarnado, exortou a todos para o estudo de *O Livro dos Médiuns* e avisou sobre a distribuição da sopa, que aconteceria na noite seguinte.

Com carinho, ele abraçou Leocádio, dizendo:

– Vejo você amanhã, na distribuição da sopa?

– Não posso!

– E na confraternização de sábado?

– Também não posso; tenho compromissos particulares.

Tentando entabular conversa com o médium, Ismael indagou:

– Você está se sentindo bem em nossas reuniões?

– Mais ou menos...

– Como mais ou menos?!

– Já faz seis meses que estou nesta equipe de educação mediúnica e não recebo nenhuma comunicação!

Abraçando-o novamente, o orientador redargüiu:

– Meu amigo, fique tranqüilo! Não podemos ter pressa. A mediunidade com Jesus, para ser exercida, precisa de tempo. Somos Espíritos com uma gama enorme de mazelas.

A espiritualidade amiga observa nossos esforços, para, posteriormente, nos confiar a tarefa. Tenha paciência. Estude, participe dos encontros fraternais que promovemos. Ninguém pode se isolar. As provas estão, justamente, no esforço que empreendemos para nos aceitarmos uns aos outros.

Impaciente, o médium justificou-se:

– Já li todas as obras da Codificação Espírita. Esforcei-me para ler outras obras de reconhecido valor na literatura espírita. Você ainda me diz para estudar mais?!

– Leocádio, a paciência é a porta de acesso para as nossas aquisições.

Irritado, ele despediu-se e saiu sem ao menos dar boa noite aos colegas.

Aborrecido, ele caminhou pela rua, sem perceber que entidade desajustada lhe acompanhava as vibrações, sugerindo-lhe: "Afaste-se daquela Casa. Você não percebe que ali existe um grupo de escolhidos? Ismael, Irina e os outros médiuns formam uma panelinha. Conhecimentos não lhe faltam. Por que continuar ali? Sua capacidade é maior do que aquele bando de falsos profetas".

Assimilando a idéia sugerida em seu psiquismo, Leocádio chegou nervoso a sua casa.

A esposa aproximou-se para beijá-lo, e ele avisou:

– Saia daqui, mulher! Não estou bem hoje!

– Você sai de casa para ir ao Centro Espírita e volta assim?! Bem se vê... o que vocês fazem lá não deve ser boa coisa.

O Espírito que acompanhara o médium até sua residência, agora envolvia sua esposa: "Isso mesmo! Diga a ele para abandonar aquele antro de loucos".

– Não posso admitir que meu marido me trate assim com essa grosseria. É por isso que não ponho meus pés lá. Você freqüenta aquele Centro há cinco anos. O que ganhou com isso?

Revoltado, o médium exclamou:

– Não me perturbe, mulher! Você não vai roubar meu equilíbrio!

Rispidamente, ele foi para o quarto do casal e bateu a porta. Na sala, a mulher ainda permaneceu por algum tempo, recebendo a influência da entidade desajustada.

Após muita dificuldade para conseguir conciliar o sono, Leocádio conseguiu adormecer.

Ao ver-se fora do corpo, assustou-se. Ao lado da cama, um Espírito o observava. Confuso, perguntou:

– Quem é você?

O Espírito, que se trajava à moda romana, sorria fraternalmente, inquirindo:

– Não me reconhece, Leocádio?

– Não é possível! É você?!

– Sim, sou eu! Estou cansado de procurar um médium que me auxilie a continuar minha missão. Gostaria de trabalhar com você. O que acha?

– Eu sabia que um dia as coisas iriam mudar...

– Agora é o momento!

– Estou pronto, mentor amigo. O que devo fazer?

– Na próxima reunião de educação da mediunidade, você vai ficar segurando o lápis, até que eu tome suas mãos para escrevermos as mensagens. Não desista!

Chorando, Leocádio retornou ao corpo físico. Acordou com a sensação do encontro.

Intuía que sua vida iria mudar. Finalmente, chegara o momento de cumprir sua missão.

Fechou-se no quarto. Não podia ter contato com qualquer pessoa; afinal, ele tinha certeza de que ficaria muito conhecido. Então, era preciso se prevenir.

Mal conversava com a esposa. Ela não o compreenderia...

No setor de trabalho, evitava contato com alguns colegas, principalmente, com quem julgasse vicioso. Na Casa Espírita, raramente cumprimentava alguém.

As reuniões de educação mediúnica transcorriam semana após semana. Leocádio segurava o lápis sem sentir nada.

Ismael, preocupado com a conduta do médium, conversou com ele, particularmente, alertando-o sobre a necessidade do equilíbrio.

– Leocádio, tudo que é demais pode fazer mal.

– Não se preocupe! Tenho certeza de que, em breve, meu mentor irá se comunicar.

Os dias passavam, e Leocádio retornava a casa, cada vez mais frustrado.

A entidade zombeteira que se metamorfoseara, perispiritualmente com roupagens romanas, ria da credulidade do médium.

Meses depois, em uma reunião de educação mediúnica, Leocádio perguntou a Vinícius, que novamente se comunicava pela psicofonia de Irina.

– Por que é tão difícil manter contato com quem não vemos?

Depois de alguns segundos, o Espírito amigo respondeu:

– Caro irmão, para que o médium tenha contato mais amiúde com os desencarnados, é mister que ele se aproxime, ao máximo, dos encarnados.

Decepcionado, Leocádio chorou muito naquela noite, mas compreendeu que deveria priorizar o relacionamento com o próximo mais próximo, pois compreendeu que o intercâmbio com o invisível só pode acontecer quando nos esforçamos por amar a quem vemos.

11
Cartas Consoladoras

*Não que sejamos capazes, por nós,
de pensar alguma coisa, como de nós mesmos,
mas a nossa capacidade vem de Deus.*

Paulo (II Coríntios, 3:5.)

Vou falar-vos da firmeza que deveis possuir nos vossos trabalhos espíritas. Uma citação sobre este ponto já vos foi feita. Aconselho-vos que a estudeis de coração e que lhe apliqueis o espírito a vós mesmos, porquanto, como São Paulo, sereis perseguidos, não em carne e em osso, mas em espírito. Os incrédulos, os fariseus da época vos hão de vituperar e escarnecer. Nada temais: será uma prova que vos fortalecerá, se a souberdes entregar a Deus, e mais tarde vereis coroados de êxito os vossos esforços. Será para vós um grande triunfo no dia da eternidade, sem esquecer que, neste mundo, já é um consolo, para os que hão perdido parentes e amigos. Saber que estes são ditosos, que se podem comunicar com eles é uma felicidade. Caminhai, pois, para a frente; cumpri a missão que Deus vos dá e ela será contada no dia em que comparecerdes ante o Onipotente.(...) Channing. (*O Livro dos Médiuns*, Allan Kardec, 2ª parte, cap. XXXI, item VIII, 69. ed., FEB.)

Valério era conhecido no meio espírita. Já havia passado por algumas Instituições e não se identificara com a metodologia de trabalho de nenhuma delas. Contava ele com incipientes recursos para a prática da psicografia, e achava que deveria trabalhar recebendo mensagens de parentes desencarnados.

Quanto mais o tempo passava, mais Valério sonhava em realizar seu projeto. Em seus sonhos, via-se em meio à multidão sofredora.

Na última Casa Espírita que freqüentou, pediu orientação ao dirigente encarnado:

– É como lhe digo, seu Lindolfo: tenho certeza de que a Espiritualidade deseja usar meu dom mediúnico de psicografia para consolar os que choram a partida de seus entes queridos.

– Você não acha que o bom senso nos pede que aguardemos mais um tempo? Talvez fosse melhor estudarmos um pouco mais as obras básicas – alertava o dirigente.

– Não vejo assim. "Quando o servidor está pronto, o serviço aparece". Estas palavras são de André Luiz estampadas no início da obra *Nosso Lar*.

Dando uma pausa para avaliar o impacto de suas colocações, prosseguiu:

– Sinto-me preparado para esse mister!

O dirigente, antigo lidador da causa espírita, tinha os cabelos nevados pelo tempo. Ele ouvia aquelas colocações com preocupação. Desejoso em auxiliar o médium, insistiu:

– Será que você não deveria ocupar-se, por enquanto, com outra tarefa, para depois se dedicar ao trabalho das mensagens? Allan Kardec nos pede discernimento e exercício. A prudência é ótima conselheira.

Contrafeito com aqueles argumentos, Valério se indispôs:

– É por isso que o senhor não sai dessa posição de dirigente de um Centro vazio. Não tem coragem para nada. Para assumirmos a mediunidade, devemos ter determinação. Não me furtarei à minha missão. Existem muitas lágrimas a serem enxugadas, muitos corações necessitando de consolo. Estou comunicando a minha saída desta Casa. Os Espíritos me dizem que devo fundar minha Instituição.

Lindolfo, percebendo que não podia fazer nada, acompanhou a silhueta de Valério, que se afastava rapidamente. Triste, o dirigente conjecturava: "É uma pena... um médium promissor... As lágrimas certamente cumprirão o papel que o estudo e a paciência não puderam realizar".

Ao afastar-se da Casa, o médium convidou alguns trabalhadores que estavam insatisfeitos a acompanhá-lo. Não deu certo.

Tempos depois, vamos encontrar o referido médium em outra Instituição.

– Tenho certeza de que iremos realizar o desejo dos Espíritos, seu Abílio.

– Ora, Valério, minha intuição não me engana; afinal de contas, meu mentor é muito sábio.

Cartas Consoladoras

– Como faremos para iniciar o trabalho?

– Uma tarefa como essa não pode prescindir de propaganda. Vou mandar imprimir mil panfletos com os dizeres: "VENHAM RECEBER MENSAGENS PSICOGRAFADAS DE SEUS PARENTES QUE JÁ MORRERAM! O CENTRO ESPÍRITA AMOR E CONSOLO APRESENTA O MÉDIUM VALÉRIO SANTOS." O que você acha?

– Estou surpreso! Os Espíritos me informaram que minha missão era grande, mas não imaginava que seria tanto assim.

– E tem mais: traga-me também uma foto sua, pois vou mandar colocá-la no cartaz – afirmava o dirigente entusiasmado.

Valério foi envolvido facilmente pelo dirigente equivocado.

A panfletagem foi feita, e, no dia de início do atendimento, a pequena Casa Espírita estava repleta. A fila dobrava a esquina.

Abílio não podia segurar o seu contentamento. Fazia questão de andar por entre os necessitados, apresentando-se como dirigente daquele Centro.

Valério encontrava-se em sala reservada. Antes de serem iniciados os atendimentos, as fichas foram distribuídas.

Um incidente desagradável ocorreu: uma das trabalhadoras do Centro havia guardado fichas para alguns conhecidos, inclusive, para políticos da cidade. As pessoas que, desde as primeiras horas da manhã, aguardavam para serem atendidas, protestavam, gerando confusão.

O ambiente psíquico não era propício.

Algumas entidades que acompanhavam os parentes encarnados, também esperavam na fila, acreditando, assim, ser possível a comunicação com os entes queridos.

O relógio marcava vinte horas. Uma prece deu início aos trabalhos. Em seguida, Abílio tomou a palavra.

– Meus irmãos, muita paz! Nesta noite especial, esta Casa inicia a tarefa semanal de cartas consoladoras. A partir de hoje, todas às quintas-feiras distribuiremos vinte fichas para as entrevistas com o nosso médium Valério Santos. Enquanto ele inicia a psicografia, faremos um revezamento de oradores. Teremos pequenas palestras elucidativas.

Valério, sentado à mesa, colocava a mão esquerda sobre a testa, parecendo aguardar o

Cartas Consoladoras

contato com os Espíritos. Em sua mão direita, o lápis.

A palestra acontecia. Os minutos corriam, e o médium continuava paralisado, com a mão na testa.

Uma senhora simpática segurava uma resma de papel, a fim de substituir as folhas que iriam sendo psicografadas.

Vinte e cinco minutos... E nada. Expectativa... Valério transpirava...

De repente, para alívio geral, a mão do médium começou a deslizar sobre o papel. As pessoas acompanhavam com emoção. Algumas até choravam, imaginando a carta tão aguardada!

Valério psicografou sem parar, durante hora e meia. A senhora que substituía os papéis não deixava de prestar atenção: uma folha ia acabando, ela, rapidamente, a substituía.

Abílio não se continha: finalmente, um médium produtivo naquela Casa!

No plano espiritual, espíritos que ignoravam como ocorre o intercâmbio, formavam fila, esperando para se aproximarem do médium. Ainda que entidades esclarecidas tentassem auxiliar, o esforço era em vão, pois, naquele recinto, o estudo era deixado de lado; conseqüentemente, os seareiros do bem não encontravam instrumentos para transmitir as orientações corretas.

Chegava, então, o momento mais aguardado: a leitura das cartas.

O próprio médium começou a ler. As missivas eram belíssimas; as pessoas choravam... Porém, ao final da leitura de quatorze cartas, nenhum parente foi localizado entre os presentes.

Sem graça, Abílio afirmou:

– As cartas recebidas nesta noite, certamente, têm seus destinatários nas pessoas que nos procuraram, durante a semana, no atendimento fraterno.

Passaram-se dois meses, e nenhuma carta para pessoas conhecidas. Valério não sabia explicar o que estava acontecendo. O fenômeno ocorria, sua mão ficava formigando, mas as mensagens não eram endereçadas aos presentes.

Nesse ínterim, um comércio estabeleceu-se na Casa Espírita e nas imediações. Alguns recursos começaram a ser amealhados.

Cartas Consoladoras

Com medo de que as pessoas se afastassem, Abílio começou a fraudar a tarefa. Combinou com algumas pessoas para que elas fizessem o papel de parentes dos mortos.

Agora, a situação era outra: mal a leitura da carta terminava, já tinha mãe ou pai se identificando.

Os incautos que assistiam àquela encenação comoviam-se, e a notícia de um trabalho autêntico começou a se espalhar.

Certa noite, Valério iniciou a leitura de uma carta. À medida que a leitura avançava, a emoção aumentava. Como fazia sempre, Abílio piscou para os falsos parentes.

Um casal começou a chorar, simulando dor.

A sala estava lotada naquela noite. Sem que o dirigente percebesse, do outro lado, um casal também se emocionava com a leitura. A missiva tinha muitos detalhes, vários nomes e apelidos. Na hora em que Valério perguntou pelos parentes, a situação tornou-se insuportável, pois apareceram dois casais.

A mãe verdadeira não entendia o que estava acontecendo, e explicava:

– Mas ele falou os nomes dos meus pais, os nomes dos meus avós. Não tenho dúvida de que é o meu filho!

Abílio, aproximando-se discretamente, pegou o casal de embusteiros pelos braços e, rapidamente, retirou-os dali.

O médium, então, percebeu que algo estava dando errado.

Dias depois, ao chegar mais cedo ao Centro, Valério viu o casal de embusteiros discutindo com Abílio e tudo compreendeu. Desiludido, decidiu afastar-se da Doutrina Espírita. Tinha confundido o Espiritismo com supostos espíritas.

Prática mediúnica não é espetáculo para apresentação das vaidades humanas.

Não existe real entendimento da Doutrina Espírita sem o estudo da Codificação.

Mediunidade sem o concurso das obras codificadas por Allan Kardec é força desgovernada, é desastre iminente para médiuns e dirigentes.

12
O Médium de Cura

*Temos, porém, este tesouro em
vasos de barro, para que a excelência do
poder seja de Deus, e não de nós.*

Paulo (II Coríntios, 4:7.)

Todos os médiuns são, incontestavelmente, chamados a servir à causa do Espiritismo, na medida de suas faculdades, mas bem poucos há que não se deixam prender nas armadilhas do amor-próprio. É uma pedra de toque, que raramente deixa de produzir efeito. Assim é que, sobre cem médiuns, um, se tanto, encontrareis que, por muito ínfimo que seja, não se tenha julgado, nos primeiros tempos da sua mediunidade, fadado a obter coisas superiores e predestinado a grandes missões.(...) O Espírito de Verdade. (*O Livro dos Médiuns*, Allan Kardec, 2ª parte, cap. XXXI, item XV, 69. ed., FEB.)

Quando chegou, há quatro anos, na Casa Espírita, vitimado de terrível obsessão, Joel não imaginava que um dia viesse a colaborar na Instituição como trabalhador.

Recordava-se do primeiro dia em que adentrara aquele local. Ao sentir as vibrações de paz no ambiente, derramara lágrimas abundantes. Aquele lugar, certamente, era um aprisco bendito em meio às lutas do mundo. A música, as pessoas tão simpáticas!

Encaminhado para tratamento, Joel ia, aos poucos, readquirindo o equilíbrio perdido. O encontro com a própria consciência lhe fazia verter lágrimas doridas, de profundo arrependimento relativamente aos erros perpetrados em sua vida particular.

Ao beber da fonte da Terceira Revelação, sentia que sua vida ganhava novo rumo. Finalmente, uma religião onde não existiam dogmas! Finalmente, a bênção da fé raciocinada!

O Médium de Cura

Os primeiros contatos com o Espiritismo permitiram-lhe anelar grandes perspectivas para sua vida. Ao ouvir as palestras proferidas na veneranda Instituição, emocionava-se profundamente, pois agora percebia que ali podia pensar. Não se sentia mais como um feixe de músculos e nervos à procura das sensações da carne. Naquele ambiente existia algo que lhe trazia profundas reminiscências, as quais, paulatinamente, afloravam na intimidade de sua alma.

Sedento das verdades espirituais, atirou-se, sofregamente, à leitura das obras espíritas. Desejava sorver todo o néctar do conhecimento espírita. Sua alma esfaimada de luz não media esforços para recuperar o tempo perdido.

Entretanto, Joel aprenderia, apenas com o tempo, que a natureza não dá saltos. Ele necessitava passar pelas dificuldades que fustigam os ansiosos.

Dentro de um Centro Espírita, como em qualquer religião, pode acontecer de alguns dirigentes pregarem o estudo, mas não estudarem. Infelizmente, alguns confrades desavisados preferem privilegiar o fenômeno mediúnico em detrimento do estudo redentor.

À medida que Joel freqüentava aquela Casa Espírita, um de seus dirigentes ia percebendo que o jovem era portador de mediunidade ostensiva. Um dia, ao término da palestra de uma reunião pública, abordou-o, dizendo:

– E, então, Joel, como tem passado?

– Seu Matias, estou muito bem! A cada dia que passa, sinto-me melhor! Eu não sabia que o Espiritismo era assim. Encontrei a paz neste lugar abençoado. A única coisa que me preocupa é que, sempre que recebo o passe, sinto algumas sensações estranhas.

– O que você sente?

– Sinto um torpor em minha cabeça: parece que vou desmaiar. Algumas vezes, sinto minhas mãos se aquecerem: parece que elas aumentam de tamanho.

– Fique tranqüilo! Venha até a sala de atendimento fraterno, para que conversemos.

– Tudo bem, seu Matias! Assim, o senhor pode me esclarecer, não é?

– Sim, é claro! Vamos lá!

Eles instalaram-se na sala, e Matias falou:

– Agora podemos conversar mais à vontade. Preciso dizer-lhe que você tem uma grande missão a cumprir.

Ouvindo aquilo, o novel espírita emocionou-se e disse:

– Eu não sou digno da misericórdia de Deus.

– É claro que é! Venho lhe observando e já identifiquei em você a mediunidade de cura.

Sob o impacto daquela colocação, Joel se deixava levar pelo dirigente.

– Eu posso curar os outros?

– Você tem mediunidade de cura. Minha mentora está ao meu lado, dizendo-me isso.

Inexperiente e ainda sofrendo de problemas obsessivos, Joel vislumbrava, em sua tela mental, a enorme fila de necessitados que iria procurá-lo para receber ajuda. Carregando em si forte traço de vaidade, o médium tornar-se-ia presa fácil da ignorância do dirigente e da sua própria imperfeição.

Matias convidou o médium enfermo para participar de um trabalho de assistência a enfermos. Sem titubear, ele aquiesceu.

Daquele dia em diante, Joel começou a se sentir diferente dos demais: acreditava-se um escolhido dos Espíritos. Em vão, outros companheiros tentaram dissuadi-lo do tentame.

O dirigente, que não deixava o médium por um instante, acompanhava-o, não se furtando ao corrosivo do elogio. Dessa forma, cada vez mais, ambos se perdiam na falta de estudo e na própria vaidade. Surdos pelo orgulho, os dois chafurdavam-se nas malhas da mútua e da auto-obsessão.

Em tempo breve, Matias estabeleceu a realização da nova tarefa que a Casa Espírita ofereceria aos mais necessitados. E não se furtou a espalhar a notícia de que a Instituição dispunha, agora, de um médium de cura.

A freqüência aumentou consideravelmente, chegando naquela Instituição magote de sofredores que vinha em busca da cura física.

Matias vibrava com tudo aquilo! Joel, com visível desequilíbrio emocional, alternava momentos de euforia com instantes de destempero, normalmente carregados de lágrimas. Em vista disso, entidades desajustadas encontravam campo fértil para enovelar dirigente e médium.

Muitas pessoas foram atendidas, porém, a maioria não alcançou nenhum resultado positivo em seu quadro patológico. Poucas apresentaram melhoras. Médium e dirigente pioravam a cada dia.

Sem conseguir suportar a própria vaidade e a falta de conhecimento da Doutrina Espírita, Joel foi afastado dos trabalhos por entidades amigas, que lhe infringiram o aumento de problemas particulares, pois temiam conseqüências desastrosas para o aprendiz.

Matias tratou de colocar a culpa no médium, afirmando que o mesmo era um mistificador e obsediado. Desiludido, Joel saiu daquele Centro e seguiu pelo mundo, aprendendo pelas lições das lágrimas.

O dirigente, carregando sua mentora para todos os lados, caiu em descrédito, sendo seguido por outros que, como ele, não queriam estudar, preferindo apenas a prática mediúnica.

A humildade e o estudo sério do Espiritismo são a melhor opção para quem deseja realmente trabalhar e beber de suas águas fecundas. A Doutrina Espírita é o luminoso conjunto de revelações dos Espíritos Superiores para nosso esclarecimento.

Privilegiar a cura do corpo em detrimento da cura da alma é apenas adiar a evolução do Espírito.

13
Amai-vos e Instruí-vos

*E eu, irmãos, não vos pude falar como a
espirituais, mas como a carnais,
como a meninos em Cristo.*

Paulo (I Coríntios, 3:1.)

(...) Mostrem-se, por conseguinte, mais pacientes, mais dignos e mais conciliadores aqueles que no mais alto grau se achem penetrados dos sentimentos dos deveres que lhes impõe a urbanidade, tanto quanto o vero Espiritismo. Pode dar-se que, às vezes, os bons Espíritos permitam essas lutas, para facultarem, assim aos bons, como aos maus sentimentos, ensejo de se revelarem, a fim de separar-se o trigo do joio. Eles, porém, estarão sempre do lado onde houver mais humildade e verdadeira caridade. São Vicente de Paulo. (*O Livro dos Médiuns*, Allan Kardec, 2ª parte, cap. XXXI, item XXVI, 69., ed. FEB.)

– Sem estudo, não há eficiente aproveitamento dos princípios espíritas! – exclamava Lucinda, a dirigente do Órgão de Unificação das Casas Espíritas.

– Sim, sim, você tem razão. Mas, devemos ter paciência com as pessoas que não conseguem compreender a necessidade do estudo da Doutrina Espírita.

– Veja bem! A Doutrina deve ser divulgada – dizia a convicta dirigente. – Mas, como divulgar seus postulados para esses preguiçosos?

Adotando tom grave na voz, Servílio, o secretário do Órgão de Unificação, aduzia:

– Devemos ter cuidado com certas afirmações. Detendo algum conhecimento, não é mister que o exemplifiquemos? Debruçarmo-nos sobre as obras da Codificação Espírita para estudá-las e discriminarmos aqueles que não agem como nós, não será falta de caridade?

Amai-vos e Instruí-vos

– Não penso como você! Devemos manter pura a "nossa Doutrina".

– Cuidado, Lucinda! A História nos oferece outros exemplos. Já não observamos esse comportamento entre os fariseus, na época do Cristo? Não percebemos esse comportamento disfarçado de proselitismo em outras religiões? O espírita não deve adotar a mesma postura equivocada de outros companheiros. O estudo é importante, sem ele não existe eficaz entendimento dos postulados espíritas. Porém, o que vamos fazer com os companheiros que não se interessam em estudar para compreender e vivenciar a Codificação? Não sigam os espíritas os mesmos caminhos adotados por outros religiosos! Não precisamos procurar muito para encontrar exemplos que ilustrem nossa análise. Na época inquisitorial, quem não estivesse a favor da Igreja Romana, estava contra ela e à mercê de perseguições. Nos tempos hodiernos, a cena se repete com nossos irmãos luteranos: quem não adotar a conduta por eles pregada está, irremediavelmente, condenado ao inferno. Nós, aprendizes do Consolador Prometido, não podemos

Capítulo 13

discriminar os que não estudam. Essa postura é também de extrema intolerância.

– Somos imortais! Cada um que se esforce para aprender! – afirmava Lucinda, com tom irritadiço na voz.

– Precisamos tomar cuidado para nos intelectualizarmos e acharmos que somos melhores que os outros. Em uma das muitas questões de *O Livro dos Espíritos*, Allan Kardec obtém a resposta dos Espíritos amigos sobre o melhor modelo e guia para os homens – Jesus. É muito fácil lidarmos com os que fazem parte do nosso círculo. No entanto, o Espiritismo, em sua feição de Cristianismo redivivo, não nos conclama ao exercício da tolerância com as dificuldades do próximo?

Lucinda começava a ficar sem graça, ouvindo aqueles sábios questionamentos.

– Jesus andava com os estropiados do caminho, doentes de todo jaez. E nós? Estamos fazendo o quê? A erudição aliada à vaidade pode se tornar pedra de tropeço.

– Aceito seus argumentos, mas prefiro seguir a orientação do Espírito de Verdade: "Espíritas, instruí-vos".

– Cara Lucinda, antes da orientação "Instruí-vos", vem "Amai-vos".[1]

Aborrecida com a insistência de Servílio, ela afastou-se, resmungando:

– Sem estudo, não pode haver união.

Concluindo que seus argumentos eram desconsiderados pela dirigente do Órgão de Unificação das Casas Espíritas, Servílio pensou entristecido, enquanto acompanhava com o olhar Lucinda se afastando: "Para amar não precisamos ter opiniões idênticas. Conhecer Kardec é fundamental, mas praticar o Evangelho de Jesus é o remédio para nossas almas falidas. Por isso, o Codificador afirmou que fora da caridade não há salvação".

Algumas semanas depois, Lucinda procurou o secretário do Órgão de Unificação na Instituição dirigida por ele.

[1] Nota do médium: "Espíritas! Amai-vos, este o primeiro ensinamento; instruí-vos, este o segundo." Ver em *O Evangelho segundo Espiritismo*, Allan Kardec, cap. VI, item 5, 120. ed., FEB.

– Olá, Servílio! Tudo bem?

Feliz com a visita, ele exclamou:

– Muita paz, Lucinda! A que devo o prazer?

– Poderíamos conversar em particular?

– Claro, venha comigo até à sala de atendimento fraterno. Lá poderemos conversar com mais calma.

Eles percorreram um pequeno corredor e pararam diante de uma das salas. Servílio abriu a porta e convidou:

– Venha, sente-se aqui. O que está acontecendo? Você está com o semblante carregado, sisudo... O que está lhe afligindo?

– O assunto é delicado.

E, pigarreando levemente, ela iniciou a conversa:

– Estou preocupada com o Movimento Espírita. Estão acontecendo muitas coisas desagradáveis. Temo pelo futuro do Espiritismo em nossa cidade.

Fazendo uma breve pausa, prosseguiu:

– Tenho estado muito preocupada com o aumento da freqüência de pessoas de vida duvidosa em nossas Instituições. E até mesmo na direção de Casas Espíritas.

– Como assim, "vida duvidosa"?

– Você se lembra do Alcebíades?

– Sim, do Centro Espírita Amor Eterno. O que tem ele?

– Imagine você que ele agora se tornou presidente daquela Instituição!

– E o que tem isso?

– Servílio, você não está vendo que isso desprestigia a nossa causa?

– Mas, por quê?

– Vai me dizer que nunca ouviu nenhum comentário sobre ele?

– Que tipo de comentário? – indaga Servílio, assustado.

– Ele largou a família. Você esqueceu?

– Ah, então é isso!...

– E você queria mais? Ele foi trabalhador da nossa Casa. Conheço muito bem seu perfil. Ele se separou da esposa e agora fica posando de bonzinho.

– Mas, quem somos nós para julgá-lo?

– Não acredito que você concorde com isso. Pessoas desse tipo não podem falar em nome da Doutrina Espírita. Imagine você que outras Casas têm convidado esse homem para fazer palestras. E o pior é que até viagens ele anda fazendo para divulgar o Espiritismo.

– Mas, o que é isso, Lucinda?! Nós não somos ninguém para julgar as pessoas.

– Como dirigente do Órgão de Unificação, eu fiz isto: comuniquei a todas às Casas filiadas que não convidassem, de maneira alguma, essa pessoa para fazer palestras. E tem mais: ele já pertenceu ao nosso Centro e tinha umas idéias que eu não aprovava; ele pode fazer palestra até para o papa, mas, em nossa Casa, não terá esse gostinho.

– Espere um pouco, Lucinda. Você me disse que tinha algo sério para falar. É isso?

– Isso não é sério?! Daqui a pouco, você vai me dizer que devemos aceitar, como trabalhadores, viciados e homossexuais!

Assustado com o que ouvia, Servílio coçou a cabeça, tentando se recompor.

– E o que você quer de mim?

– Quero que você não convide aquele homem para fazer palestras em sua Instituição.

– Lucinda, você tem consciência do que me pede?

Amai-vos e Instruí-vos

– Claro que tenho. Você é muito respeitado em nosso Movimento. Um gesto seu será seguido por outros dirigentes.

– Não posso fazer isso!

– Por quê? Está com medo?

– Não. Em primeiro lugar, não é uma atitude cristã. Em segundo lugar, se procurarmos Espíritos elevados entre nós, ninguém vai poder trabalhar pela causa espírita. Em terceiro lugar, ele já está convidado para fazer uma palestra nesta Casa.

– Não é possível que isso esteja acontecendo. Servílio, eu pensei que pudesse contar com você.

– Em quarto lugar, Lucinda, percebo que, por trás das suas exigências, existe algo de particular, assim como um ressentimento seu contra o Alcebíades.

– Respeite-me, Servílio! O que é isso?

– Lucinda, acalme seu coração. Você me disse que o Alcebíades trabalhou no Centro dirigido por você e que tinha posturas diferentes das suas, não é isso?

– Sim. E daí?

– Parece que você está exercendo um tipo de perseguição ao rapaz.

Levantando rispidamente, ela gaguejou:

– Que... que... vo...vo...cê está me dizendo?

– Lucinda, nós somos imperfeitos. Não é porque somos dirigentes de Casas Espíritas que não temos defeitos. Tome cuidado com o que você está fazendo! Para um razoável observador, a conclusão será essa. Principalmente, por ter o Alcebíades trabalhado com você. Nós somos assim: quando alguém não quer pensar mais conforme nossa cartilha, tratamos logo de desprezar e discriminar.

– Isso não vai ficar assim! – ela ameaçou transtornada.

– Lucinda, cuidado com a sua postura! Seja lá o que for que tenha acontecido, o melhor é perdoar. Não cultive a mágoa nem o rancor. Deixe que nosso irmão aprenda com suas próprias experiências. A cada um será dado conforme as suas obras. Incluindo a nós dois, Lucinda. De que vale tanto estudo, se isso não nos torna criaturas melhores? O Centro Espírita é um educandário de almas. Pense bem!

156

Ruborizada, ela senta-se outra vez. Os argumentos de Servílio eram incontestáveis. Causando maior irritação em Lucinda, ele a convida:

– Façamos uma prece por nós e pelo Alcebíades!

Fuzilando-o com o olhar, ela levanta e sai da sala, batendo a porta.

14
O Dono do Centro Espírita

Como também eu em tudo agrado a todos,
não buscando o meu próprio proveito,
mas o de muitos, para que assim se possam salvar.

Paulo (I Coríntios, 10:33.)

Entre os escolhos que apresenta a prática do Espiritismo, cumpre se coloque na primeira linha a obsessão, isto é, o domínio que alguns Espíritos logram adquirir sobre certas pessoas. Nunca é praticada senão pelos Espíritos inferiores, que procuram dominar. Os bons Espíritos nenhum constrangimento infligem. Aconselham, combatem a influência dos maus e, se não os ouvem, retiram-se. Os maus, ao contrário, se agarram àqueles de quem podem fazer suas presas. Se chegam a dominar algum, identificam-se com o Espírito deste e o conduzem como se fora verdadeira criança.(...) (*O Livro dos Médiuns*, Allan Kardec, 2ª parte, cap. XXIII, item 237, 69. ed., FEB.)

Firmino chegara a um Centro Espírita ainda na adolescência, encaminhado por seus pais.

Após a cura de obsessão pertinaz que o vitimara desde tenra idade, sua família tornara-se espírita. Então, seu pai e sua mãe passaram a se dedicar, com muito esmero, às tarefas da Instituição.

Por sua vez, Firmino freqüentou as aulas de evangelização infantil, passando, mais tarde, a fazer parte da mocidade espírita.

Alguns anos depois, já adulto, nosso personagem casou-se, porém não descurou de suas tarefas na Seara Espírita.

Sua esposa, embora não comungasse a mesma fé, não impunha obstáculos para que ele se dedicasse à prática espírita.

Aos trinta anos de idade, Firmino foi eleito diretor-presidente do Centro Espírita

O Dono do Centro Espírita

Luz e Amor. Ele era muito respeitado por seareiros e por assistidos. As outras Instituições também o respeitavam, tal a dedicação e desprendimento que o dirigente espírita Firmino demonstrava em cada ação praticada, em cada palavra que dizia.

Assim, transcorreu o primeiro mandato.

Novas eleições, e Firmino foi eleito novamente para o mesmo cargo.

No segundo mandato, algumas coisas começaram a mudar, e, gradativamente, ele foi centralizando todas as decisões.

Permanecia mais tempo no Centro do que no lar. A esposa passou a cobrar maior presença de Firmino em casa. Em vão. Brigas e discussões viraram rotina entre o casal.

No Centro, ele dissimulava e, quando alguém lhe questionava sobre o tempo excessivo na Instituição, vinha com a resposta:

– Caridade não tem hora. Minha dívida é muito grande!

Inutilmente, alguns confrades procuraram alertá-lo sobre o exagero. Mas, Firmino tinha muito carisma e conseguia cativar a simpatia de quem quer que fosse.

161

Não obstante as brigas em casa aumentassem, ele permanecia mais tempo na Casa Espírita.

A esposa procurou ajuda. Nada. Apelos foram feitos. Nada adiantou.

O tempo foi passando e algumas pessoas, vizinhas à sede do Centro, chegaram a comentar com um trabalhador da Casa:

– Nesta madrugada, ouvi um barulho no interior do Centro. Então, fiquei escondido, observando... Após alguns minutos, pude ver, pela fresta do vitral, o Firmino.

– A que horas isso aconteceu? – indagou o seareiro.

– Eram cerca de quatro horas da manhã.

Questionado a respeito, Firmino alegou que, terminada a reunião de desobsessão, fora intuído a ficar na Casa e dormir em suas dependências, porque após adormecer, iria participar de uma tarefa com os Espíritos.

A situação estava ficando cada vez mais delicada. Alguns trabalhadores pediam providências.

Todas as vezes que Firmino se referia à Casa Espírita, invariavelmente, utilizava o pronome possessivo "minha" Casa Espírita.

Necessitados batiam à porta da Instituição, perguntando: "Este é o Centro Espírita do Firmino?".

Enredado por alguns Espíritos que desejavam desestabilizar a Casa, Firmino não se dava conta de que uma obsessão cruel começava a envolvê-lo.

Em reunião de diretoria convocada para discutir a situação, ocorreram brigas e discussões extremamente desagradáveis.

Alguns simpatizantes do dirigente alimentavam as suas convicções equivocadas, afirmando com admiração: "Estão com inveja do Firmino. Aqui, ninguém se dedica tanto à causa espírita como ele!".

As desavenças eram tantas, que Firmino, intuído pelas entidades malévolas, pediu que suspendessem a reunião de diretoria.

Alguns trabalhadores invigilantes preferiram afastar-se, imediatamente, acreditando que fariam falta. Outros mais não resistiram ao momento tempestuoso que todos estavam passando e abandonaram suas tarefas.

No entanto, a maioria dos que ficaram era a favor de Firmino, que, dessa maneira, ficava à vontade para fazer da Instituição o que melhor lhe aprouvesse.

Como, pelo estatuto, lhe era permitido nomear a diretoria, em breve tempo, ele estava cercado de aduladores.

Muitos apelos foram feitos pela espiritualidade amiga. Em vão. Até o estudo das obras básicas foi deixado de lado.

Com o poder centralizado em suas mãos, não havia tarefa que não tivesse a presença de Firmino. Totalmente obsediado, ele agora era o centro das atenções.

Os anos foram passando, e os trabalhadores se afastando. Os passistas eram poucos agora. Reuniões de estudo não mais existiam.

Em uma crise de estrelismo e desequilíbrio psíquico, Firmino decidiu:

– Não preciso de diretoria em "minha casa espírita", estão todos demitidos. Doravante, decido tudo.

Com a separação da esposa e em deprimente estado psicológico, nosso personagem não tardou a perder o emprego. Agora, ele vivia nas dependências do Centro e sobrevivia às expensas da caridade dos vizinhos.

O Dono do Centro Espírita

A freqüência àquela Casa, então, tornou-se nula; a credibilidade já não mais existia.

Tempos depois, Dona Ivete, a vizinha que sempre levava o café da manhã para Firmino, bateu incessantemente à porta, sem que fosse atendida. Buscando ajuda, a porta foi arrombada.

Lá estava ele, o diretor-presidente caído ao chão. O socorro foi prestado, mas já era tarde: Firmino desencarnara.

Em reunião do Órgão de Unificação das Casas Espíritas, da cidade X..., a decisão foi tomada: um grupo de seareiros de boa vontade reunir-se-ia para reabrir o Centro Espírita Regeneração.

As atividades foram retomadas, os cursos, reiniciados. Alguns antigos trabalhadores, timidamente, foram se reaproximando.

Após três anos, formou-se uma equipe para a tarefa de desobsessão.

Na primeira reunião de amparo aos irmãos desencarnados, a primeira comunicação acontecia. Entidade transtornada comunicava-se, esbravejando:

– Saiam daqui! Quem lhes autorizou a invadir "meu Centro Espírita"?

Era Firmino, que, em tom ameaçador, reivindicava a devolução do que julgava lhe pertencer.

Médiuns videntes sempre revelavam terem visto, por várias vezes, um Espírito alquebrado, perambulando de um lado para o outro, como a tomar conta daquela Casa Espírita.

Quase todas as semanas, ele era trazido pela espiritualidade amiga para uma conversa fraterna.

Após oito anos de manifestações coléricas, Firmino arrefeceu um pouco o seu ódio contra os dirigentes.

Adamastor, o Espírito amigo que orientava as tarefas daquela Casa, alertava:

– A prática espírita requer equilíbrio e bom senso. Todo excesso é medida para o desequilíbrio. A Doutrina Espírita não precisa de mártires, apenas de trabalhadores simples e abnegados. O trabalhador que abdica de suas responsabilidades no lar não será um bom seareiro.

166

15
Nem Tudo é Culpa dos Espíritos

Porventura são todos apóstolos?
são todos profetas? são todos doutores?
são todos operadores de milagres?

Paulo (I Coríntios, 12:29.)

Se, apesar de todas as tentativas, a mediunidade não se revelar de modo algum, deverá o aspirante renunciar a ser médium, como renuncia ao canto quem reconhece não ter voz.(...) (*O Livro dos Médiuns*, Allan Kardec, 2ª parte, cap. XVII, item 218, 69. ed., FEB.)

Ela já havia procurado auxílio em várias Casas Espíritas. Rotineiramente, a resposta era a mesma: "Você é médium e precisa se desenvolver".

Vilma não sabia mais a quem recorrer. Visitara, também, igrejas, templos protestantes, médicos... E nada.

Protestantes afirmavam que era coisa do demônio; católicos asseveravam que a razão era o fato de não ter sido batizada conforme orienta a Igreja. Era pagã. Alguns dirigentes espíritas não tergiversavam no diagnóstico: mediunidade desajustada.

Vilma orava, acendia velas, engolia hóstias, tomava passes, bebia água fluidificada... E nada.

Um dia, estava ela em conversação fraterna com Yvone, uma amiga de infância:

— Estou cansada de tanto buscar ajuda. Às vezes, sinto que vou desmaiar. É horrível!

— Não sei o que lhe dizer. Já procurou auxílio em várias religiões e nada conseguiu!

— É verdade, Yvone... Não sei mais o que fazer... – dizia Vilma, a soluçar.

— Tenha calma! Tudo vai ficar bem! Conheço um Centro Espírita muito bem orientado. Você gostaria de visitá-lo?

Nem Tudo é Culpa dos Espíritos

– De jeito nenhum! Não quero ouvir a mesma ladainha: "Você é médium e precisa se desenvolver". Para mim, tudo que cheira a imposição é falta de respeito. "Ter que desenvolver mediunidade" não é comigo.

– Você tem razão. Mas, tente mais uma vez! Aquela Casa é muito séria.

– No último Centro em que estive, o orientador me convidou para participar de uma reunião fechada. Eles apagaram a luz, e me assustei com tudo o que era dito ali. Em outra Casa, comecei a freqüentar o estudo e, alguns meses depois, entrei num grupo de desenvolvimento mediúnico. O dirigente dizia que eu era médium psicógrafa. Depois de participar das reuniões, nada de mensagens, nada de mediunidade. A dor de cabeça não passava e a tontura continuava.

– Há quanto tempo você sente essa dor de cabeça?

– Faz um ano aproximadamente.

Yvone coçava a cabeça, tentando achar uma saída.

– Um ano sentindo dor de cabeça diariamente e esporádicas tonturas – repetia Vilma.

– Amiga, em que momento a dor de cabeça cessa? Ou a dor é constante?

– Ela só passa na hora de dormir, o que para mim já é uma bênção. Você já pensou se ela não me desse uma trégua?

– É verdade. Você sabe que eu gosto de você, não sabe?

– Sei, Yvone. Nossa amizade, desde a infância, é uma alegria muito grande! Considero-a uma irmã.

– Então, deixe-me ajudá-la! Venha comigo até ao Centro Espírita!

– Já estive em três Centros e nada consegui. Por que eu deveria aceitar o seu convite?

– O que vai lhe custar? Conheço o dirigente da Casa e sei que ele vai surpreendê-la.

Após breves minutos, Vilma concordou com má-vontade:

–Tudo bem! Eu vou. Mas, se alguém vier com aquela conversa de obsessão e de obrigatoriedade de desenvolvimento mediúnico, saio de lá correndo. Está certo?

– Eu concordo, Vilma! Hoje é domingo. O atendimento fraterno é na quarta-feira. Vou agendar uma entrevista para você. Amanhã lhe telefono, confirmando. Se estiver tudo certo, apanho-a na quarta, às sete horas da noite, certo?

– Você vai ver que não vai dar em nada...

E, levando a mão à cabeça, demonstrando o incômodo que a dor lhe causava, ela afirmou ainda:

– Faço questão que você entre comigo na sala de atendimento. Vai ouvir aquela ladainha... É só esperar.

– Fique calma! Deus vai nos ajudar!

– Espero...

– Boa noite! Tudo bem?

– Boa noite! – respondeu Vilma, com má-vontade.

Everaldo contemplava, com muito carinho, as duas jovens à sua frente.

– Que Deus nos abençoe! O que está lhes afligindo o coração?

Ambas se entreolharam, e Yvone, cutucando a amiga, disse:

– Fale, Vilma! O Everaldo é de confiança e poderá nos ajudar.

Com tom enfadonho na voz, a jovem foi narrando a sua história. Rapidamente, ela encerrou a narrativa e, com ar de zombaria, pois esperava as mesmas colocações de sempre, indagou:

– É mediunidade?

Imperturbável, Everaldo, carinhosamente, ponderou:

– Vilma, não posso lhe dizer nada, antes de ouvir a resposta para algumas perguntas que vou lhe fazer.

Desconfiada, a jovem enferma ironizou:

– O senhor quer saber se sou médium?

– Não, Vilma, não é isso. Preciso conhecê-la, ter noção do contexto em que vive. Ninguém pode diagnosticar sem conhecer e examinar a situação da pessoa. Quando você vai a um médico, após responder a várias perguntas, o clínico lhe pede uma bateria de exames, para depois diagnosticar verdadeiramente sobre o que está acontecendo. Com as necessidades espirituais, não se age de maneira diferente. Em princípio, vou encaminhá-la para as reuniões públicas, onde você poderá receber o remédio do esclarecimento e do

Evangelho. Peço-lhe que traga água para ser fluidificada.

– Isso tudo eu já fiz. Qual a novidade?

– Compreendo a sua pressa e desconfiança, mas é necessário que tenha calma. Responda-me algumas perguntas, por favor! Você tem dormido bem?

– Sim, durmo como uma pedra.

– Tem mudado de humor constantemente?

– Não tenho tempo de mudar de humor. Trabalho como revisora de textos em uma editora, mantendo, portanto, a mente muito ocupada. Costumo dizer às pessoas que só penso em minha vida até a hora de começar o meu trabalho e durante o almoço. Passo o dia todo com a mente repleta de textos e mais textos, quer dizer, até onde a dor de cabeça me permite.

– Entendo... – aquiesceu Everaldo. – Mas, quando está em casa, você alterna muito seu estado emocional?

– Devo lhe confessar que sou uma pessoa privilegiada. Minha família está muito bem, meu noivo me ama com ternura, eu também o amo muito, e nosso casamento está próximo.

Para ser sincera, não tenho do que reclamar, a não ser da dor de cabeça e da tontura.

– Você faz algum trabalho voluntário?

– Faço, sim: auxilio uma ONG que cuida de crianças carentes.

– Você já foi ao médico?

– Sim.

Impaciente, ela inquiriu:

– Mais alguma pergunta?

Yvone, que observava o comportamento da amiga, sentia-se um pouco constrangida. Mas, com um sorriso afetuoso, Everaldo prosseguiu:

– Tenho mais uma pergunta. As tonturas se dão em qualquer lugar?

– Sim, em qualquer lugar.

– Acentua-se mais em algum período do dia?

– Sim, à noite.

Everaldo punha-se a ler, por alguns minutos, as anotações que fizera, enquanto Vilma, impaciente, aguardava, apertando o braço da amiga. Mal contendo a irritação, de repente, ela perguntou:

– Então, seu Everaldo, terei que desenvolver a mediunidade?

– Há quanto tempo você usa óculos?

– O quê?!

– Vou repetir: há quanto tempo você usa óculos?

– Estou com vinte e quatro anos. Se não me falha a memória, desde os seis anos.

– Certo, Vilma. E há quanto tempo você não consulta um oftalmologista?

Estupefata com aquela colocação, Vilma ficou desconcertada. Como é que ela não tinha pensado nisso antes?

Sem graça, ela respondeu:

– Faz quatro anos que não consulto um oftalmo.

Percebendo o constrangimento da assistida, amorosamente, Everaldo aconselhou:

– Procure um oftalmologista para analisar a necessidade de mudança do grau dos seus óculos. Se você desejar, volte à nossa Casa para ouvir as palestras, pois o saber não ocupa espaço, não é mesmo?

– É verdade, seu Everaldo. O senhor tem razão.

– Quanto a desenvolver a mediunidade, não entendo que seja necessário.

Os dias se passaram, e ela procurou Everaldo para nova entrevista. Percebendo que a jovem usava um modelo novo de óculos, ele perguntou:

– Então, Vilma, e a dor de cabeça?

– Estou aqui para lhe agradecer. Meu problema era os óculos inapropriados.

– E a tontura?

– A causa era a mesma. Quero lhe dizer que estou muito grata pelo seu conselho. Muito obrigada!

– Não é preciso me agradecer.

– Mas, por que o senhor não me aconselhou a desenvolver a mediunidade, como os outros dirigentes o fizeram?

– Precisamos seguir as orientações de Allan Kardec; devemos analisar as situações com critério e bom senso. Todos somos Espíritos, todavia, nem tudo o que nos acontece é problema espiritual. Afinal, na condição de Espíritos encarnados estamos submetidos às circunstâncias da vida material.

16
Inventário
Espírita 2

*Quando eu era menino, falava
como menino, sentia como menino,
discorria como menino, mas,
logo que cheguei a ser homem,
acabei com as coisas de menino.*

Paulo (I Coríntios, 13:11.)

Confiai na bondade de Deus e sede bastante clarividentes para perceberdes os preparativos da nova vida que Ele vos destina.

Não vos será dado, é certo, gozá-la nesta existência; porém, não sereis ditosos, se não tornardes a viver neste globo, por poderdes considerar do alto que a obra, que houverdes começado, se desenvolve sob as vossas vistas?

Couraçai-vos de fé firme e inabalável contra os obstáculos que, ao que parece, hão de levantar-se contra o edifício cujos fundamentos pondes. São sólidas as bases em que ele assenta: a primeira pedra colocou-a o Cristo. Coragem, pois, arquitetos do divino Mestre! Trabalhai, construí! Deus vos coroará a obra.

Mas, lembrai-vos bem de que o Cristo renega, como seu discípulo, todo aquele que só nos lábios tem a caridade.

Não basta crer; é preciso, sobretudo, dar exemplos de bondade, de tolerância e de desinteresse, sem o que estéril será a vossa fé. Santo Agostinho. (*O Livro dos Médiuns*, Allan Kardec, 2ª parte, cap. XXXI, item I, 69. ed., FEB.)

A tela fluídica ia se esvaindo lentamente... Toda a assembléia aguardava em profunda expectação. Os fatos apresentados calavam profundamente nos corações de todos. De uma maneira ou de outra, muitos se identificavam com as personagens dos casos apresentados.

Em minutos, surgia novamente, no púlpito, a figura impoluta de Cairbar Schutel.

– Irmãos em Cristo! Roguemos ao Alto o beneplácito da nossa união em prol da amada Doutrina Espírita.

Esta reunião teve o propósito de analisar, não o Espiritismo, mas, sim, as atitudes de seus seguidores. Precisamos compreender, definitivamente, encarnados e desencarnados, que não existem duas vidas. Desde nossa criação, simples e ignorantes, vivemos de maneira linear e ascensional. A vida do Espírito é contínua e imortal. Não obstante as encarnações e desencarnações, prosseguimos como seres unos e indivisíveis. O Espírito veste-se e despe-se da indumentária carnal, sem que sua vida sofra hiatos. A plêiade de "Espíritos espíritas" vem aumentando a cada dia. A Doutrina Espírita ainda é novidade para muitos que se encontram no plano espiritual, o que não é diferente no plano material. Aqui, também ocorre o trabalho abençoado de divulgação do Espiritismo. O mundo material é regido pelas mesmas leis inexoráveis, apresentadas pela Doutrina. Chegam à nossa dimensão milhares de Espíritos libertos da carne trazendo em si as concepções religiosas abraçadas no mundo. Equivocam-se os espíritas que acreditam, infantilmente, que basta desencarnar para se tomar conhecimento dessas leis naturais. Vemos muitos profitentes do Espiritismo ultrapassarem as aduanas da morte apavorados com a cessação da vida biológica. Não devemos nos preocupar em fazer prosélitos, mas divulgar o Espiritismo com o nosso trabalho e exemplo. Estudo, sim; indolência, não. Caridade, sim; assistencialismo, não. Espiritismo, sim; mediunismo, não. União, sim; discriminação, não. O Cristo pregava em meio à natureza para pessoas simples. Precisamos seguir-lhe o exemplo, explicando aos mais simples os ensinamentos e colocando-os sobre o alqueire. Nada de estrelismos! Os que divulgam o Espiritismo não podem ser maiores do que ele. Para que continuemos afirmando que a Doutrina Espírita é o Cristianismo redivivo, precisamos tirá-la dos lábios e exemplificá-la nas ações nobres.

A assembléia absorvia a tudo emocionada. Os presentes comoviam-se cada vez mais ao ouvir aquelas palavras carregadas de energia e amor ao ideal espírita. Muitos só conheciam Cairbar Schutel pelos livros.

Com vigor, o Bandeirante do Espiritismo no Brasil prosseguiu:

Inventário Espírita 2

– O Espiritismo é um só; não existem outros. A ignorância acrescenta adjetivos desnecessários que formam as expressões "alto espiritismo", "baixo espiritismo", "espiritismo científico" e "espiritismo religioso". Como combater a ignorância, se, em nossas fileiras, o exemplo não acontece? As obras básicas da Codificação ainda não foram estudadas por todos como deveriam ser. Apenas uma parte do véu foi levantada. Tudo ainda é muito incipiente em se tratando de conhecimento sobre o Espiritismo. Se existe um inimigo entre nós, ele está grassando com o auxílio da nossa presunção. Amemo-nos, instruamo-nos: essa é a bandeira sob a qual devemos nos abrigar. Praticar o Espiritismo como nos foi legado pela Espiritualidade Superior deve ser nossa maior preocupação.

Dúvidas sobre a vida? Estude *O Livro dos Espíritos*.

Tormentos psicológicos? Equilibre-se com *O Livro dos Médiuns*.

Lágrimas e aflições? Console-se com O Evangelho segundo o Espiritismo.

Medo do futuro? Preveja-o no livro *O Céu e o Inferno*.

Origem do mundo? Estude as propostas de *A Gênese*.

A ciência moderna está comprovando, hoje, em seus laboratórios, muitas informações reveladas pelo Espiritismo. A Doutrina Espírita é uma gema rara ainda pouco valorizada pelo homem. Temo que não estejamos sabendo o que fazer com as pérolas que nos foram dadas por Jesus.

Irmãos de ideal, não inventemos nada, não tenhamos a presunção de acrescentar novos conceitos doutrinários, pois o Espiritismo não é obra dos homens.

O Espiritismo é um só, e três são suas colunas: Ciência, Filosofia e Religião. A opção de estudo por apenas uma delas irá dificultar a divulgação dos postulados espíritas.

Quando os confrades despertarem pela manhã, guardarão intuições sobre este nosso encontro. Não nos esqueçamos: a Casa Espírita é um verdadeiro liceu de almas. Nesse bendito educandário reencontramo-nos com outros alunos, rebeldes como nós perante as leis divinas, renitentes no mal, repetentes nas encarnações, recapitulando mais uma vez as lições no banco escolar, que é o corpo físico. "O Espiritismo será o que o fizerem os homens"[1], asseverou Léon Denis.

As colocações de Cairbar proporcionavam aos presentes a oportunidade de reflexionar sobre a postura íntima de cada um perante o Espiritismo.

Após breves instantes de silêncio, o orador retomou a palavra e concluiu sua explanação:

– Tornemo-nos verdadeiramente espíritas, amando, estudando, respeitando, praticando e exemplificando a veneranda Doutrina dos Espíritos! Não nos esqueçamos de que na condição de trabalhadores espíritas somos todos aprendizes.

Sob forte emoção, Urbano proferiu a prece de encerramento, agradecendo a Jesus os esclarecimentos recebidos.

Em minutos, dirigentes e médiuns retornavam aos lares, despertando novamente em

1 Nota do médium: ver em No Invisível, Léon Denis, p. 9, 23. ed., FEB.

seus veículos físicos e carregando agora, mais do que nunca, em suas consciências, a certeza de que muito será pedido a quem muito foi concedido.

Bibliografia

Aconteceu na Casa Espírita, Emanuel Cristiano, Espírito Nora, ed. Editora Allan Kardec

A Gênese, Allan Kardec, ed. FEB

Aos Espíritas, Divaldo Pereira Franco, organizado por Álvaro Chrispino, diversos Espíritos, ed. LEAL

Desobsessão, Francisco C. Xavier e Waldo Vieira, Espírito André Luiz, ed. FEB

Diálogo com as Sombras, Hermínio C. Miranda, ed. FEB

Diretrizes de Segurança, Divaldo Pereira Franco e José Raul Teixeira, ed. FRÁTER

Estudando a Mediunidade, Martins Peralva, ed. FEB

Loucura e Obsessão, Divaldo Pereira Franco, Espírito Manoel P. de Miranda, ed. FEB

Mecanismos da Mediunidade, Francisco C. Xavier e Waldo Vieira, Espírito André Luiz, ed. FEB

Mediunidade e Evolução, Martins Peralva, ed. FEB

Médiuns e Mediunidade, Divaldo Pereira Franco, Espírito Vianna de Carvalho, ed. LEAL

No Invisível, Léon Denis, ed. FEB

Nos Bastidores da Obsessão, Divaldo Pereira Franco, Espírito Manoel P. de Miranda, ed. FEB

Nos Domínios da Mediunidade, Francisco C. Xavier, Espírito André Luiz, ed. FEB

Obsessão-Desobsessão, Suely Caldas Schubert, ed. FEB

O Céu e o Inferno, Allan Kardec, ed. FEB

O Evangelho segundo o Espiritismo, Allan Kardec, ed. FEB

O Livro dos Espíritos, Allan Kardec, ed. FEB

O Livro dos Médiuns, Allan Kardec, ed. FEB

Bibliografia

O que é o Espiritismo, Allan Kardec, ed. FEB

Os Mensageiros, Francisco C. Xavier, Espírito André Luiz, ed. FEB

Painéis da Obsessão, Divaldo Pereira Franco, Espírito Manoel P. de Miranda, ed. LEAL

Quem tem Medo da Obsessão?, Richard Simonetti, ed. Gráfica São João Ltda.

Recordações da Mediunidade, Yvonne A. Pereira, ed. FEB

Seara dos Médiuns, Francisco C. Xavier, Espírito Emmanuel, ed. FEB

Sexo e Obsessão, Divaldo Pereira Franco, Espírito Manoel P. de Miranda, ed. LEAL

Tormentos da Obsessão, Divaldo Pereira Franco, Espírito Manuel P. de Miranda, ed. LEAL

Trilhas da Libertação, Divaldo Pereira Franco, Espírito Manoel P. de Miranda, ed. FEB

Nosso livro

Formato: 14x21 cm
Tipologia: ITC Souvenir (texto)
Present (títulos)
Papel: Alta Alvura Alcalina Suzano 75 grs (miolo)
Cartão Supremo Sz 250 grs (capa)

Revisão de Língua Portuguesa
Fernanda Lúcia de Sousa e Silva

Projeto gráfico, diagramação e capa
Angela dos Santos Luiz

ALGEMAS INVISÍVEIS
Adeilson Salles

O que é felicidade?Onde encontrá-la?

    O Autor discorre sobre os obstáculos que cada um coloca diante de si e impedem sua ascensão espiritual. O apego à matéria, o rancor, a inveja, o desejo de vingança e outras tantas atitudes negativas situam-se como algemas psíquicas das quais temos que nos libertar.
    Com bom humor o autor expõe os tiposmais comuns de desequilibrio e sugere meios de superação em favor de uma existência feliz e proveitosa.

UMA NOVA CHANCE PARA AMAR
Adeilson Salles

    Costuma-se dizer que o homem é um ser adormecido. Despreocupado dos objetivos da jornada humana, transita pelo Mundo como sonâmbulo que fala e ouve, desligado da realidade. A Dor é o Sino de Deus, conclamando as almas para a experiência religiosa, que nos coloca em contato com o sagrado, induzindo-nos a repensar a Vida em favor de nosso despertamento

    Detalhar o que é a história que se desdobra nestas páginas seria subtrair ao leitor o prazer da descoberta, o suceder de experiências que envolvem as ambições, as fraquezas e os vícios, que caracterizam o comportamento humano, a infringir, sistematicamente, as Leis Divinas. Felizes os que assimilam bênçãos de esclarecimento como aquelas aqui esparzidas, dispostos ao empenho de renovação, dando chance ao Amor, a Lei Suprema, sem esperar pelo Sino de Deus. Richard Simonetti.

ESPIRITISMO
atual e educador
Wellington Balbo

Casamento, Carnaval, Bullying, Armas de Fogo, Sexo, Alma gêmea, Responsabilidade Social, Cuidados com idosos, Beleza física

A Doutrina Espírita, codificada há pouco mais de 150 anos, além de educadora é atual, moderna, arejada, por isso proporciona a análise de diversos assuntos contemporâneos à luz de seus ensinamentos. E aproveitando o ensejo das diretrizes espíritas, o autor, de forma simples e objetiva, reuniu em capítulos assuntos atuais e atraentes para trazer a você, leitor amigo, reflexões sobre temas do cotidiano, analisados sob a óptica espírita.

SIBÉRIA
berço da renovação
Marise Ceban

Quantos anos são necessários para preparar uma nova encarnação? Somos hoje o resultado de nossas escolhas antes de nascer na Terra?

Com uma trama bem articulada e envolvente, Sibéria não é apenas mais um romance que chega às suas mãos. Com ricos detalhes sobre o processo de preparação que antecede nossa vinda para este planeta, Sofia, o espírito-autor, ao escolher narrar sua encarnação na Sibéria, o faz motivado pela importância dessa vida em sua evolução como espírito imortal, possibilitando-nos, com tal relato, um aprendizado sem os mesmos enganos e sofrimentos.